NORMITA SUÁREZ
y
JESÚS ALVARIÑO

TRAYECTORIA Y LEGADO

PRECURSORES DE LA RADIO Y TELEVISIÓN EN CUBA Y LATINOAMÉRICA

COLECCIÓN FÉLIX VARELA # 56

EDICIONES UNIVERSAL, Miami, Florida, 2018

LOURDES ALVARIÑO CASTIÑEIRA (ED.)

NORMITA SUÁREZ y JESÚS ALVARIÑO

TRAYECTORIA Y LEGADO

PRECURSORES DE LA RADIO Y TELEVISIÓN EN CUBA Y LATINOAMÉRICA

Copyright © 2018 by Lourdes Alvariño Castiñeira

Primera edición, 2018
EDICIONES UNIVERSAL
P.O. Box 450353 (Shenandoah Station)
Miami, FL 33245-0353. USA
(Desde 1965)

e-mail: ediciones@ediciones.com
http://www.ediciones.com

Library of Congress Catalog Card No.: 2017959297
ISBN-10: 1-59388-292-0
ISBN-13: 978-1-59388-292-1

Composición de textos: María Cristina Zarraluqui

Diseño de la cubierta: Luis García Fresquet

En la portada y contraportada: fotos de
Normita Suárez y Jesús Alvariño

En la contraportada: carta de Mons. Agustín Román,
obispo auxiliar de Miami

Todos los derechos
son reservados. Ninguna parte de
este libro puede ser reproducida o transmitida
en ninguna forma o por ningún medio electrónico o mecánico,
incluyendo fotocopiadoras, grabadoras o sistemas computarizados,
sin el permiso por escrito del autor, excepto en el caso de
breves citas incorporadas en artículos críticos o en
revistas. Para obtener información diríjase a
Ediciones Universal.

Índice

Agradecimientos 7
Palabras de Lourdes Alvariño Suárez 9
Prólogo. Jesús Alvariño en mis recuerdos 15
Jesús Alvariño. Un hermano en el recuerdo 19
Pórtico «Décimas a Jesús Alvariño y Normita Suárez» 21
Inicio y auge de La radio en Cuba (1929-1950) 25
Inicios de la televisión en Cuba (1950-1958) 29
Jesús Alvariño Govantes 31
Normita Suárez Calviño 43
Reseña histórica de la radio en Cuba y los Tres Villalobos 51
Jesús Alvariño y la Palabra 57
Artículos de Jesús Alvariño 77
   Humanidad, Moral y Convivencia 77
      Amistad 77
      Envidia 80
      La sinceridad 82
      ¡No tengo tiempo! 84
      No dejes que otros hagan… 86
      Auxilio!… Help!… Au Secour! 87
      Las barberías cubanas en Miami 89
   Jesús y Cristo 92
      Semana Mayor 92
      Mundo mejor 94
      Yo no sé 98

    Un corazón negro 99
    Resurrección 100
    El seminarista 102
    Ruego desesperado... 105
    Carta abierta… al hombre actual 107
    Virgen de la Caridad, Patrona de Cuba 110
    Mi intimidad con Cristo 112
    Acto de contrición de un cubano… 114
Cuba de rodillas 116
    Cuba de rodillas... 116
    Nuestros héroes 118
    Cristo o Castro… 120
    No todos los que están son… 124
Jesús Alvariño. Artista y hermano 126
    ¿Les comento un libro?..126
    Competencia 129
    Cástor Vispo 131
    ¿Usted es Machito…?... 133
    Cultura 134
    Roberto Cabanelas 136
    Esas manos cubanas que tanto te aplaudieron… 139
    Mi palabra que no he muerto 142
    La Muerte, ¡Gallego…! 145
    Quisqueya: Tamakún, te abraza.......................................148
    A los que se fueron 151
Galería de Fotos 153

Agradecimientos

A DIOS… PRIMERO Y PRINCIPAL… Por concederme el derecho y la dicha de ser hija de tales padres, y por darme el impulso, los recursos y los buenos amigos para llevar a cabo este compromiso con mis padres y con CUBA.

A MIS PADRES… Más allá de su inmenso amor, sus desvelos, sus sueños para nuestro porvenir, vaya mi profunda gratitud por sus ejemplos de conducta, y el gran legado de fe, valor y principios que nos dieron.

A mi hermano Albertico, por su dedicada y laboriosa iniciativa de ordenar y clasificar todas las fotos aquí contenidas, que afortunadamente lograron llegar a nuestras manos muchos años después de salir de Cuba, por razones obvias y por diversas vías, ya que nos fue a todos prohibido traer nuestras pertenencias. De ese modo han sido preservadas para estos propósitos y sin esa valiosa colaboración suya no hubiera sido posible esta publicación.

Y a mi hermana Normita, nacida en el exilio, por haber permanecido junto a ellos hasta el último de sus días.

Al escritor y poeta Víctor Puertodán quien tuvo a su cargo la compilación de datos y su maravillosa redacción, más la estimación demostrada en su desempeño.

A los amigos Juan Manuel Salvat, Lorenzo De Toro, Alberto Santaballa y Orlando Sarasúa por su valiosa colaboración, al igual que al estimado Carlos Alberto Montaner por su prólogo.

Al mismo tiempo nuestra familia desea darle las más expresivas gracias a todo el que lea este libro (documento-relatobiografía) por contribuir a legitimar esta realización del retorno de mis padres que vuelven por este medio a SU PATRIA Y A SUS COMPATRIOTAS.

—CON DIOS TODO Y SIN DIOS NADA—
lema primordial de mis padres

Palabras de Lourdes Alvariño Castiñeira

(Luly es la hija mayor de Jesús Alvariño y Normita Suárez)

Pues no sé cómo empezar este libro, pero yo diría que quiero escribir este libro para el pueblo de Cuba, y para cualquier otro pueblo interesado (después de todo mi padre siempre se consideró «ciudadano del mundo», léase: sintiéndose en la hermandad universal) pues que conozcan su lado humano, más allá del artista… del comediante… del humorista.

Mi padre es y será Jesús Alvariño. Mi madre es y será Normita Suárez.

El propósito es, aparte de traerlos a la memoria del joven y NUEVO pueblo cubano, a quienes les fueron negados, ignorándoles por haber dado la espalda al régimen ateo y totalitario de Fidel Castro, pretendo dar a conocer su lado oculto, o mejor dicho, estampas de sus vidas privadas, detrás de cámaras, sin luces ni micrófonos.

Más allá de darles a conocer su trayectoria artística, compartiré lo más valioso que me ennoblece y enorgullece: su calidad humana y cristiana. Su autenticidad. Su genuina cubanía, tanto por su orgullo de ser cubanos, como por su defensa a la patria que soñó Martí y el patriotismo incorrupto que profesaron.

Ambos fueron siempre apolíticos, pero siempre militantes en lo que se refiere a abogar por la «Cultura de la Vida» que peligra ante la avasalladora ola secular de la Cultura de la Muerte, léase: la legalidad del aborto. ¡El ABORTO ES UN UN UN ASESINATO!

Yo me adhiero por convicción propia.

Mis padres han dejado tan grande huella, que hijos, y hasta nietos de sus admiradores, han recibido el impacto de la pasión verdadera que los suyos tuvieron, y conservaron en el recuerdo de esos tiempos mejores de la juventud, con la afición que tenían por los programas protagonizados por mis padres, y por ende, expresaban efusivamente su admiración, respeto y preferencia hacia ellos. Me consta. Me lo hacen patente una y otra vez. ¡Eso es lo que más me motiva!

Pipo, mi adorado padre; comprometido en conquistar con su apostolado, catequizando a toda hora. Idealista y soñador, como buen acuariano; generoso, ocurrente, seductor, juguetón, expresivo, impulsivo y cariñoso. Yo también lo catalogo como un buen caricaturista aficionado. Nunca olvidaré que siempre que íbamos a alguna cafetería, nos divertía haciéndonos dibujitos fantásticos en las servilletas de papel, y su inolvidable «dumbelina» dibujando una carita en su pulgar y la servilleta alrededor de esa carita como pañuelo, dándole vida con una vocecita peculiar que le ponía. ¡Cuántos recuerdos lindos!

Practicó boxeo de joven y era muy aficionado al físicoculturismo. También le fascinaba la fotografía. Posteriormente estuvo totalmente cautivado por el Judo-JiuJitsu, recién traído a Cuba del Japón a fines de los 50, obteniendo el grado de cinta negra primer dan, y fue gran promotor del mismo. Impresionaba cuando notabas que el bícep y el estómago ¡parecían de piedra!

Mi madre ¡mi gloriosa madre! Tan tierna y amorosa. Sensible, serena, discreta y respetuosa. Mi dulce y ejemplar Gran Dama. Extensión de mi padre, de su vida y de sus pasos, moldeada a su imagen y semejanza, costilla de su costillar. Él la enseñó a adaptarse a él, ella sumisa, aceptando el reto por donde le llevara la personalidad de mi padre, ese temperamento tan suyo y esos arranques geniales y medio excéntricos tan propios de él. Figúrense que se hicieron novios teniendo ella sólo 14 años, y él 25, trabajando juntos en la radio, y con mi abuela Consuelo siempre a cuestas de chaperona, que conste. Todos sus compañeros de RHC, CMQ, etc., recuerdan a mi querida abuela Consuelo (abuela Maye, como cariñosamente sus nietos le decíamos) durante ese noviazgo.

Son dignos de ser reconocidos por el pueblo de Cuba, su pueblo. Fueron veteranos y favoritos en la radiodifusión, fueron pioneros de la televisión en toda Latinoamérica. Constructores de sueños y aventuras para los radioescuchas, y a la vez, creadores de la gran escuela que quedó para los que vinieron detrás en la materia. Y fueron muchos.

Pero yo sí que no podía evitar mis celos. El público en general me provocaba celos porque «me lo quitaban», me lo distraían. Lo tenía que compartir con todo el mundo. Extraños, ajenos. Agradezco mucho a Dios que fueran tan queridos y mimados por el público, puedo decirles sin reparo: idolatrados por el pueblo de Cuba, nuestra patria perdida. Espero que sepan disculparme si peco de inmodestia.

Cuando tuve uso de razón, me intimidaba mencionar mi apellido, porque me abrumaba la reacción de la gente. Yo pensaba (y no quería que los demás lo pensaran) que al yo «descubrir mi identidad» (y tan sólo me bastaba con dar mi apellido), estaba haciendo alarde automáticamente solo con haberme identificado y evitaba hacerlo para no llamar la atención. No sentía pena por ellos, ¡claro que no!, sino pena por mí. No quise nunca aparecer como una presuntuosa. Me halagaba sobremanera la calidez de todo el mundo, pero al mismo tiempo, es que me quedaba muda. No sabía qué decirles. Además, yo no quería que penetraran esa intimidad tan mía, tan de nuestra familia haciéndome preguntas personales.

El pueblo de Cuba, y lo digo con responsabilidad, los amaba literalmente: tanto a mi papá como a mi mamá, con delirio, y los siguen amando y añorando en el recuerdo entrañable de esa época gloriosa de oro en sus carreras, como también la de aquellos de esa generación casi ya extinta, que fue la última *época de oro* en Cuba.

Porque ha existido un contacto entrañable con su público, más allá del artista que los hacía reír y por los buenos momentos que les proporcionaban, la gente sentía la calidez de su naturaleza, la sencillez de ambos, su genuina dedicación y entrega en todo lo que hacían para ellos. Y no por lo que yo observara, es que me lo han transmitido sus admiradores, cada individuo que se ha cruzado en mi camino. Aun así ha sido con hijos de aquella generación, que les conocieron precisamente por la admiración, y la veneración que les tuvieron sus padres. Y por eso me demuestran agradecimiento. Yo sigo recibiendo esas maravillosas muestras sinceras, a posteriori, con gran emoción y agradecimiento a mi vez. Y espero no pecar de empalagosa ahora aquí con ustedes.

Tamakún en los años 40, Machito en los 50, junto con Pedro el Polaco en la Taberna, ya en la televisión, nueva industria de comunicaciones que estaba descollando a la delantera en Cuba, nuestro gran país creciente y floreciente. La Cuba de ayer…

Ahora me atrevo a hablarlo… Sí, quiero gritarlo y publicarlo. Ya no me cohíbo. Bueno. No como antes. Es tanto el orgullo. ¿Por qué esconderlo? Sería traición disimularlo. Auto aniquilamiento. A estas alturas es a la inversa, me avergonzaría si lo ocultara, y me quema aplazarlo. Es tanto el respeto a su trayectoria, la gratitud y la satisfacción por el reconocimiento que les debo, y es justo hacerlo patente y manifestar el eco que resuena en mi entorno por los buenos recuerdos que dejaron entre su público. Disculpen si soy reiterativa; me abruma excederme en halagos, pero es que me he atrasado muchísimos años en darles reconocimiento públicamente.

¡Ah, pero no piensen que yo simplemente les hablo por cuenta de mis padres! No es así. Muchos más artistas cubanos queridísimos se han llevado ya consigo a su última morada durante su exilio, esa alegría y viveza natural que nos categoriza en el mundo. Grandes talentos que se disfrutaban día a día con tantos ratos de esparcimiento brindado por nuestros artistas en sus episodios favoritos de comedias y novelas, y que es menester decirlo, llegaban por radio hasta fuera de Cuba, en los rincones de la República Dominicana, y más.

También, en memoria del talento de todos ellos, compañeros de mis padres, y respetando ese reconocimiento que recibieron del público cubano y que se ha omitido de la historia, yo quiero rescatarlos del olvido. No sería justo de otra manera.

La labor de los artistas penetra y cala, suspiro a suspiro y sonrisa a sonrisa, creando una atmósfera sana y feliz en el alma del pueblo. Eso vale demasiado. Es invaluable. Además, es terapia gratis y recurrente. ¡Sin co-pago ni deducible!

Pero lo más duro no es el desplazamiento natural de su vigencia por el transcurso del tiempo, sino el dolor por la canallada vil que nos destrozó la vida a los cubanos, producto del diabólico y feroz régimen del castro-comunismo. Y por ende, la terrible injusticia de borrar sus existencias y sus logros en la cultura y en la historia de nuestro país, castigándoles por haberles dado la espalda a esos «Falsos héroes de la patria». Pero ante ellos, estos se condenan a sí mismos.

¡Son tantas las personas que me instan, me alientan y me presionan para hacer este libro! Consideren que también estoy hablando por ellos. Este apasionamiento crece al sentir todo su apoyo. El principal objetivo es ofrecerlo a nuestra perdida Cuba. Para dejarles el testimonio del producto de su trabajo, dedicado a llevarles sonrisas y esparcimiento sano, y ofrendarse a su público, el público de Cuba, con respeto y tesón.

Cuba siempre ha sido una gran cantera de artistas pulidos y consagrados. Todo cubano tiene el derecho, y hasta el deber, de conocer a sus compatriotas valiosos y de quienes pueden sentirse orgullosos. Sépanlo o no, mis padres son parte de la historia artística de Cuba, su patria amada... vendida y ultrajada. El destino que les tocó les negó la oportunidad de vivir en un ambiente sano, dentro de su propia nación. ¡Les despojó de todo, menos de su dignidad y capacidad en el talento. ¡Gracias a Dios! ¡Con Dios todo y sin Dios nada!: ese era el lema principal de mis padres. Y lo que les sustentó toda la vida. ¡Pero qué triste que ya nunca más tuvimos patria, la perdimos para siempre!

Y precisamente por tratarse de Cuba, son más merecedores de relieve. Tanto mis padres, como muchísimos otros actores y actrices, que «aquellos» perversos quisieron borrar, pero nunca podrán, porque quedará constancia de los frutos que cosecharon y las huellas que dejaron en las mentes de los cubanos en libertad.

Lourdes Alvariño Suárez   A.M.G.D.

Con su primogénita Lourdes Alvariño
Navidad de 1952, La Habana, Cuba

Prólogo

Jesús Alvariño en mis recuerdos

Carlos Alberto Montaner

Luly Alvariño me pide unas palabras para encabezar una biografía de sus padres, el actor Jesús Alvariño y la actriz Normita Suárez.

Luly tuvo el privilegio de ser hija de Jesús y de Normita Suárez, talentosísima actriz, muy completa, que bailaba, cantaba, actuaba y doblaba. Hace muy bien Luly en rendirles tributo a sus padres. Lo merecen.

Vaya por delante que me complace escribir este prólogo. Me honra. Es como viajar a mi niñez, en la calle Tejadillo de la Habana vieja, y volver a reunir a la familia junto al enorme radio con que nos entreteníamos, o en torno a un armatoste llamado, creo, DuPont, en que veíamos la televisión en blanco y negro.

La primera taberna que conocí en mi vida fue la de Pedro el Polaco. Era una taberna virtual, aunque entonces no se utilizaba esa expresión. Se trataba de un simpatiquísimo sitcom transmitido por la televisión cubana. Los libretos los escribía Antonio Suárez Santos, pero el alma del programa era Jesús Alvariño, un extraordinario actor, graciosísimo, y a su modesto bar llegaban unos personajes muy peculiares, entre los que recuerdo a uno al que le habían asignado un nombre muy peculiar: Salmoyedo. Era un tipo que hacía reír solo con su manera de caminar, siempre agachado. Así era el humor en aquellos tiempos. O así lo recuerdo.

Jesús Alvariño era entonces uno de los más conocidos y queridos actores cubanos. Y es natural que así fuese. Antes de la llegada de la televisión, cuando reinaba la radio, primero le había puesto la voz y la emoción a Tamakún, el vengador errante, un príncipe hindú que luchaba contra las miserables canalladas del negro Sakiri el Malayo. Era tremendo Tamakún: «Donde el dolor desgarra, donde el peligro amenace, donde la miseria oprima, allí estará Tamakún, el vengador errante».

Las historietas las escribía Armando Couto, un autor rebosante de creatividad. Supongo que, de haberlas escrito hoy, Sakiri y sus sicarios no serían negros, pero entonces ese detalle no era «políticamente incorrecto». Fue tanto el éxito de Tamakún que los patrocinadores le pidieron otra radio novela. Couto entonces escribió «Los Tres Villalobos».

De aquel trío, la voz que recuerdo con más nitidez era la del personaje «Machito». Jesús Alvariño era Machito. Los tres Villalobos: «Tres eran tres, y ninguno era bobo», decía el estribillo melódico, eran Miguelón, Rodolfo, y el menor y más querido, Machito. ¿Qué hacían? Lo que hacen todos los héroes de mentira y unos pocos de verdad: defender a los humildes, en este caso, a los campesinos atropellados por las autoridades coloniales. En una oportunidad Cuba se paralizó porque parecía que habían matado a Rodolfo. Al final del capítulo se abre el ataúd y Machito gritó: «¡Rodolfo!». Al día siguiente, todos aliviados, supimos que Machito lo había salvado.

Los Tres Villalobos tuvo tanto éxito que se transmitió en varios países de América y los mexicanos hasta filmaron un par de películas con más entusiasmo que presupuesto, como entonces se hacía cine en español. Incluso, los más suspicaces insisten en que el libretista de Bonanza, la famosa serie americana, se inspiró en los guiones de Couto. Lo ignoro. Puede ser cierto o puede ser otra expresión del exilium tremens. No obstante, no hay duda de que la estructura es parecida.

Enero de 1959. Como dice la infame balada de Carlos Puebla: «Y en eso llegó Fidel». Fue una barbaridad tras otra: «se acabó la diversión/ llegó el Comandante/ y mando a parar». Cuando se acabó la diversión, Jesús Alvariño, Normita Suárez y sus hijos marcharon al exilio a divertir a los puertorriqueños, a los mexicanos, luego a Miami.

La dictadura comunista podía quitarles las comodidades conseguidas a base del persistente trabajo de muchos años, pero no podía privarlos del talento que tenían. Se abrieron paso, se reinventaron en el exilio.

En su momento, como es natural, Jesús Alvariño y Normita Suárez murieron. No obstante, nos dejaron un grato recuerdo que siempre asociamos a una época feliz de los cubanos, incluso en medio de las miserias políticas, cuando divertirse no era perseguido. Cada vez que paso revista a esos años me vienen a la memoria la risa de Alvariño, su voz, su gracia, su humor. Su arte forma parte de la vida de un par de generaciones de cubanos. La mía incluida.

Pedro y Salmoyedo con muñecos de sus personajes

Tamakún, 1940

Los tres Villalobos. Machito a la derecha

Jesús Alvariño
Un hermano en el recuerdo

Nunca lo conocí personalmente. Pero sí espiritualmente. Lo admiramos como artista y sobre todo como un alma buena que pretendía llevar con su arte un mensaje sano, positivo, alentador para el gran público que a través del radio primero y después a través de la naciente televisión ponía su arte y su mensaje para lograr un mundo más alegre, más humano, más familiar, más cristiano.

Pedro Polaco Guash, Machito el de los Tres Villalobos, Pangacho Picardía, Tamakún, el vengador errante, y otras figuras que arraigaban en el público, antes y después de la Televisión, dejando en el fascinado ambiente un sabor positivo, alegre, si se quiere como debía ser normal, para una sociedad y una cultura que sabía reír o llorar pregonando y queriendo lograr aquel mundo mejor al que todos los de buena voluntad aspirábamos.

En Cuba nunca lo traté personalmente. Tampoco en Puerto Rico adonde fue a vivir después que la barbarie roja y atea se implantó en la patria de Martí. Allí asistió a un Cursillo de Cristiandad, creo que en la misma época en que yo asistía a uno en Miami. A ambos la Gracia de Dios nos llegó con el compromiso de luchar por ganar un mundo para Cristo. Yo seguí en Miami donde fundamos como acción apostólica la Revista IDEAL en 1971. Por esos años Jesús, junto a Normita y su familia, marchó a México donde continuó su carrera, enfermando de la cruel dolencia que más tarde acabaría con su vida.

Ya enfermo vino a Miami y así fue como más nos conocimos. No sé si a través de amistades o a través de la Gracia Divina y el apostolado de IDEAL. Fue por teléfono cuando más hablamos y nos conocimos, junto también a Normita su fiel compañera de toda la vida.

Fui testigo de su último adiós sabiendo que en el momento de su despedida decíamos adiós a un gran hombre de Dios al cual todavía recordamos y añoramos con afecto, cariño y admiración.

Lorenzo De Toro
Junio 2014
Miami

Pórtico
«Décimas a Jesús Alvariño y Normita Suárez»

Víctor Puertodán
Miami, junio 2014

Tú, Jesús, que desde niño,
porque El Arte lo celebre,
fue un retablo tu pesebre...
¡Oh, don Jesús Alvariño!
Cuando el aplauso es cariño
como tú lo recibiste,
debes saber, que viviste
y perduras en el alma
cubana, desde una palma
que dentro de Cuba existe.

Es una palma sonora,
el cristiano atado a Dios;
fuiste actor desde la voz,
y cristiano a toda hora.
En la radiodifusora
por tus talentos precoces,
la novela con sus goces,
la tragedia de lo humano...
y en el pecho del cubano
tú le instalaste altavoces.

Jesús Alvariño, tú,
con tu credo espiritual
fuiste un sinsonte radial
en alas de C.M.Q.
Tú de caña y de bambú,
deguásimas y de jobos...
Cadena Azul, y algarrobos
para el guajiro sustento,
cuando puso tu talento
a cabalgar Villalobos.

Los Tres Villalobos, tres,
que entre los campos cubanos
siempre fueron los hermanos,
ante el triunfo, ante el revés.
Los Villalobos, como es
el extraordinario mito;
en ondas, porque fue escrito
sin fortuna ni ambición:
un Rodolfo, un Miguelón,
y la gracia de Machito.

En cada función un traje,
Belarmino con Pepín,
un Gallego y un Sobrín,
el nacer de un personaje.
Tamakún con su linaje,
Un Pangacho Picardía,
y ante tanta maestría,
vibran los cubanos si oyen
a Alvariño y Echegoyen
en un show de cubanía.

Una Taberna de Pedro,
un Jueves de Partagás
para no olvidar jamás
ni ceiba, ni canto y cedro.
La exhibición para Pedro
el Polaco, un Chan Li Po,
un ejemplo que dejó
por tu andar de risa en almas,
manos puras y las palmas
con que el pueblo te aplaudió.

Cuando tu pueblo reía,
tú, Jesús, inmenso estadio,
en las gradas de la radio
eras voz y cubanía.
Nació una noche sin día,
roja noche como un hierro
queriendo atarte al encierro,
pero tus alas libertas,
fabricaron nuevas puertas
en el salón del destierro.

Puerto Rico abrió sus galas
para ofrecerte un camino,
y tu voz con nuevo trino
hizo de las puertas alas.
Fuiste conquistando escalas
y con México a tu vera,
sembraste la primavera
entre talento y pericia,
y llevaste la justicia
donde la maldad impera.

Artista, cristiano, hermano,
en un porte superior,
dispuesta para el amor
siempre se encontró tu mano.
Tu devoción al humano
que te sirvió de soporte,
te hizo navegar al norte
en tus ansias de crear,
y con tu mano agrupar
a esa La Tremenda Corte.

¡Oh, Jesús!, para el encuadre
donde se eleva tu nombre,
hay que hablar de ti, del hombre,
del hijo, de esposo y padre.
Aunque el pasado taladre

con el olvido tu cita,
siempre estará la exquisita
consumación de los lazos,
la sonrisa y los abrazos
de tus hijos, de Normita.

Normita Suárez, Normita,
a los ocho años de edad
fuiste ángel de bondad
en fina voz exquisita.
Baila, canta la chiquita,
ríe, anima en tiernos guiños
carruseles de cariños
desde un fónico aparato,
que con tu talento innato
pusiste voz a los niños.

Con Lilí la muñequita
expandiste tu legado,
el personaje inventado
del que crea, del que imita.
En tu voz se deposita
la energía necesaria
para actuar, la legendaria
disposición cariñosa:
Casimira La Fañosa,
Simplicia la Secretaria.

Con tus jingles populares,
con tu frente pura y franca,
fuiste de Esmeralda Blanca,
blanca espuma de dos mares.
Por fijarte los altares
de zarzuelas y cantar,
perdura en ti el pregonar
de mujer, que con cariño
fue la luz con que Alvariño
tuvo techo y tuvo hogar.

Alvariño, tú, el constante
labrador que no dormita;
palabra escrita, infinita
prolongación del instante.
Prosa cercana, cortante,
tintas de ensayo veloz;
escribano que va en pos
de aliviar con la palabra
y descorrer la macabra
cortina que tapa a Dios.

Para tenerte mejor
como fuerza y como lumbre,
el paso escala la cumbre
en tu sendero de actor.
Versátil y luchador,
entre tu pecho de roca
el deporte desemboca...
un arte marcial que alegra,
y es blanca tu cinta negra
en el hippón del judoca.
Dejaste de caminar,
porque vista la carrera,
hallaste la fe primera,
esa que te enseña a amar.
Hay ruedas que son bregar,
caminantes del sendero,
porque tú, regio habanero
con ellas fuiste andador,
el hombre desde el amor:
¡surco, sonrisa y sombrero!

Y eso es todo. Sólo un grano,
un grano descomunal,
en el inmenso arenal
del gran artista cubano.
Queda en el aire tu mano,
tu voz, tu estirpe, tu nombre;
y quien con ansias escombre
de la historia tu legado
verá este verso moldeado:
¡cristiano, artista, padre y hombre

Los domingos a misa
con la familia

Alvariño cargado por el pueblo

Con Echegoyen

Con Rosendo Rosell

Inicio y auge de La radio en Cuba (1929-1950)

Las primeras emisiones radiales regulares en Cuba corrieron a cargo de la PWX, el 10 de octubre de 1922 (Conmemoración del Grito de Yara), momento en el cual se transmitió en español y en inglés un discurso inaugural del entonces presidente de la república de Cuba, Alfredo Zayas. Referente a este acontecimiento nos recuerda el escritor y poeta cubano Francisco Puerto Rodríguez en su «Reseña histórica sobre los Tres Villalobos» y que forma parte de este libro: «Eran las 4.00 PM de tan memorable fecha, cuando la Banda del Ejército, dirigida por el flautista y compositor, el Tte., Luis Casas Romero interpretó el Himno Nacional Cubano.»

La cantante Rita Montaner inauguró la transmisión de la emisora radial PWXwatts, que radiaba en 750 khz desde sus antenas, instaladas en la azotea del edificio de la empresa propietaria, la Cuban Telephone Company.

Las primeras programaciones abarcaban, las últimas noticias, el estado del tiempo, la hora y la interpretación de piezas musicales en vivo. El propósito principal de quienes llevaron adelante las primeras señales, fue su ascenso en las esferas política y social.

Entre 1922-1929 la radio constituyó una curiosidad, una distracción, pues el afán fue percibir y experimentar la novedad que la tecnología ofrecía para aquellos años, y así se mantuvo hasta 1930. Aún así la intención de los iniciadores de la radio fue la de resaltar los acontecimientos locales, la música, la poesía y el teatro.

Luego de una primera etapa, digamos, de afición, emergió un gran boom comercial. En este periodo, Cuba alcanzó facturas ejemplares, al nivel de los países más desarrollados, como el propio Estados Unidos; de igual modo, sirvió de paradigma para otras radios del continente que recibieron en la práctica su asesoría. La radionovela, así como otros frutos de los radios, saldrían de la Cuba por esos años para inscribirse en la historia de la radio universal.

El 1 de Enero de 1930, a la República de Cuba le fueron asignados los prefijos «CM», mediante acuerdos internacionales, para la identificación de las estaciones de radios que ejercerían en el país. En este año, la Secretaría de Comunicaciones, ofrecía los siguientes datos: 61 estaciones de radios activas en Cuba; de las cuales: 43 estaban ubicadas en la Habana, 6 en Las Villas, 4 en Matanzas, 4 en Camagüey, 2 en Pinar del Río y 3 en Oriente, con potencias que oscilaban entre 100 y 2000 vatios.

El 12 de marzo de 1933 Miguel Gabriel, vendedor de la «Casa Stowers», y Goar Mestre, propietario de la «Casa de las Medias», se asocian y compran la Estación CMCB, antes 2OH, y que más tarde se le conocería como la CMQ, emisora central de una gran expansión radial.

En 1934, la familia Casas instala la Estación COC, que un año más tarde (1935) sería conocida como la COCO, presentando una programación en onda corta dirigida a una audiencia internacional. Mediante un acuerdo con la Estación CMCF, se retransmitía los espacios de la COCO en la onda media para la audiencia de la capital cubana. La COCO fue la primera emisora en onda corta a la cual se le encadenaban otras plantas radiodifusoras del interior de isla.

En 1939 (año que marca el punto más alto de crecimiento radial) la Habana contaba con 600.000 habitantes aproximadamente, y existían 34 emisoras de radio operando en la onda media, de las cuales 11 operaban simultáneamente en la onda corta. Cada una con su programación individual, que generalmente comenzaba a las seis de la mañana y mantenida sin interrupción hasta la media noche, con un promedio de 18 horas diarias de permanencia en el aire para cada emisora. En el resto del territorio nacional habían 46 emisoras para un total de 80 estaciones en la isla. Esta amplia red de radiodifusión provocó el desarrollo de un personal artístico, creativo y técnico especializado. Los métodos más avanzados del sistema radio comercial norteamericano se usaron en Cuba, ajustándolos y aproximándolos a un campo económico más reducido, que contaba con menores índices de consumo.

En ese mismo año de 1939, el 20 de mayo, sale al aire la Estación CMHI —propiedad del Sr. Amado Trinidad Velazco, con sede en Santa Clara, que sería unos años más tarde el primer eslabón de la llamada Cadena Azul.

A partir de 1940 comienza un nuevo ciclo donde la mayoría de las estaciones pasarían al control de un número reducido de dueños que fueron adquiriendo las emisoras que se encontraban en desventajas económicas y técnicas.

El 1 de abril de 1940 se fusiona la Cadena Azul de Amado Trinidad, que agrupaba a sus estaciones filiales en todo el territorio cubano, con Radio Habana Cuba, que contaba con la Cadena Nacional Telefónica, cuyos propietarios eran Félix O´Shea y Luis Aragón. La nueva denominación sería entonces: RHC-Cadena Azul, cuyos estudios estaban ubicados en el Paseo del Prado N° 53 en la Habana. RHC-Cadena Azul tuvo el mérito de fomentar la cultura, proyectar la música de compositores e intérpretes cubanos, así como otras manifestaciones que contribuirían a la distracción del oyente y a la superación del medio radial. Algunas de las figuras más significativas del arte, la música y la cultura cubana participaron en la programación de RHC-Cadena Azul: los líricos Iris Burguet y Manolo Álvarez Mera; los cantantes René Cabell, Vicentico Valdés, Miguelito Valdés, Joseíto Fernández y Barbarito Diez; actrices y actores como Rita Montaner, Jesús Alvariño, Rolando Ochoa, Leopoldo Fernández Salgado, Aníbal de Mar, Otto Sirgo y Rosendo Rosell, entre otros...

En 1940 se escuchaba por primera vez en las emisoras de radio las comedias o novelas, como actualmente se le conoce. Estos espacios melodramáticos gozaron de gran popularidad, y es así como también emerge la publicidad de productos transnacionales interesados en captar nuevos mercados de consumo.

En 1943 Goar Mestre, ante la indudable popularidad de los programas de la RHC-Cadena Azul, compra la Estación

CMQ eliminando su sociedad con el Sr. Miguel Gabriel, y se asocia con el Sr. Ángel Cambó, quien ejercerá de subdirector. Se establece una fuerte competencia, llegando inclusive a contratar parte del personal artístico que trabajaba en la emisora de Amado Trinidad, ofreciéndoles duplicar sus ingresos.

EL 3 de marzo de 1946 se comienza a edificar las instalaciones de lo que se conocería como Radio Centro, que incluía un gran teatro, que lleva hoy el nombre de Yara. Sería el centro de operaciones de lo que más tarde se conocería como el «Circuito CMQ», ubicada en la esquina 23 y L en el Vedado. En este mismo año la CMQ logra los más altos niveles de audiencia, con programas mayoritariamente preferidos por los oyentes: «La novela radial Candado»; «Tarzán, el hombre-mono»; «La novela Palmolive»; «La novela Pilón»; «El folletín Hiel de Vaca», entre otros. Este éxito rotundo fue gracias al alto nivel de dedicación y talento de los guionistas, artistas, directores y técnicos de la emisora.

Hasta 1949 la radio cubana conservaba su esplendor proyectando el talento vivo de músicos, compositores, poetas y actores. Pero ante la inminencia de la Televisión, los radiodifusores también incursionaron en este nuevo medio de comunicación.

Anuncio del popular programa radial
«Manuel García, rey de los campos de Cuba»

Inicios de la televisión en Cuba (1950-1958)

Durante la primera mitad de la década del 40 en el siglo XX en Estados Unidos se inauguraron varias cadenas de televisión comerciales. En Cuba, repercutió muy pronto en el fuerte, vasto, concentrado y exitoso sistema de la radiodifusión comercial donde luego surgieron importantes grupos mediáticos nacionales. Lo potenciaron además, las íntimas y excelentes relaciones entre ambos países, firmas electrónicas norteamericanas, y ejecutivos y empresas radiofónicas cubanas.

Paradójicamente, pese al rechazo de la cúpula radial a la primera demostración televisiva organizada en La Habana durante 1946 —precursora en Ibero América— fueron numerosos los empresarios de ese sector involucrados en los proyectos de traer la televisión.

Es indudable que la popularidad de la radio propició el lanzamiento y desarrollo de emisoras de televisión, desarrollándose un clima de competencia entre dos empresarios cubanos que estaban respaldados por compañías estadounidenses: Gaspar Pumarejo por «DuMont» y Goar Mestre por «RCA Víctor».

Mestre comenzó la construcción de un edificio de transmisiones llamado Radio Centro, inspirado en el Radio City de Nueva York, mientras que Gaspar Pumarejo llegó a improvisar unos estudios de televisión en su propia casa para intentar ser el primero.

El 12 Octubre de 1950, sale al aire la primera estación de televisión en Cuba; siendo a su vez el tercer canal en operación de Latinoamérica. Se trata del Canal 4, empresa registrada por Gaspar Pumarejo, exdirector artístico de la CMQ y fundador de las estaciones Unión Radio, en la onda media. El Canal 4 fue inaugurado oficialmente el 24 de Octubre de 1950 a las 12:30 minutos de la tarde, por el entonces Presidente de la República Cubana Carlos Prío Socarrás, desde el Palacio Presidencial.

Lo primero que se televisó por el Canal 4 fue una cajetilla de cigarros «Competidora Gaditana» con un jingle de Ñico Saquito, y después la inauguración referida.

Por otro lado, Mestre comenzó las emisiones del Canal 6 de CMQ el 18 de diciembre de ese mismo año, y ambas cadenas desarrollarían una programación similar a la radiofónica, a la que se sumarían acontecimientos deportivos en directo y eventos especiales. El 18 de febrero de 1953 surgió el Canal 2 de Telemundo.

Una creativa y variada programación comenzó a transmitirse en la televisión cubana en una red de efectivos canales. En 1958 el país contaba con 25 transmisores de televisión con una potencia de 150,5 Kw, instalados en La Habana, Matanzas, Santa Clara, Ciego de Ávila, Camagüey, Holguín y Santiago de Cuba. El servicio estaba organizado en tres cadenas nacionales con 7 transmisores cada una. Estas eran CMQ Televisión, Unión Radio Televisión y Telemundo. Los 4 transmisores restantes estaban instalados, 3 en La Habana y 1 en Camagüey.

Primera televisión

Jesús Alvariño Govantes
(Notas biográficas y semblanza)

Jesús Alvariño Govantes nació en La Habana, Cuba, el 4 de Febrero de 1917. Sus padres fueron Juan Alvariño y María Luisa Govantes de Alvariño. El día 1º de Diciembre de 1945 contrajo matrimonio con la actriz Norma Suárez, y fruto de esa unión tuvieron cuatro hijos.

Todos los cubanos que vivieron las décadas del 40 y del 50 en Cuba, recuerdan las actuaciones de tantos valiosísimos artistas que a través de la radio, el cine, el teatro y la televisión pusieron tan alto el nombre de la cultura cubana. Dentro de ese grupo élite destaca la figura de Jesús Alvariño, uno de los artistas más polifacéticos y extraordinarios que ha producido Cuba. Actor, intérprete, productor y director, Alvariño supo llegar a grandes y chicos a través de sus personajes: Tamakún «El Vengador Errante»; «Machito», el más joven de los tres Villalobos; Pedro Wachis-Palanganovich; «Pangacho Picardía» y tantos otros personajes que Alvariño supo caracterizar con talento y dedicación.

Sus estudios elementales fueron en el Colegio Belén de La Habana, con los Padres Jesuitas, de donde proviene su primera formación fuera del hogar con profundos valores cristianos. De ahí pasó al Instituto de Segunda Enseñanza de La Habana.

Lydia Caparrós —prima de Jesús Alvariño, y muy cercana al actor desde los tiempos en que éste era un adolescente— cuenta que «cuando Alvariño me llevaba a la escuela volvía locos a todos allí con sus imitaciones de voces, y haciéndoles personificaciones de monstruos, maromas, etc. Fue desde entonces que él propiamente comenzaba a mostrar y desarrollar su chispa genial.»

En los primeros años de su juventud Alvariño vivió primero en la calle San Lázaro y más tarde en la calle Morro, ambas en La Habana, siendo vecino de Caridad Bravo Adams, la insigne novelista, Juan José Castellanos, destacado narrador de la Novela del Aire, y la connotada cantante Zoraida Marrero.

Clase de Jesús en el Colegio de Belén, 1928
Jesús, segundo por la derecha de la segunda fila de abajo a arriba

Alvariño recibe el Botón de Oro de Belén al cumplir 50 años de graduado del colegio

Tuvo una gran inclinación por estudiar medicina en su juventud y acostumbraba a observar autopsias practicadas por amigos en esa carrera.

El primer trabajo de Alvariño —siendo aún adolescente— fue en la Licorería Pinín, empleo que obtuvo gracias a su padre, quien era químico azucarero y amigo del propietario de la licorería. Tras varios meses de mensajero, Alvariño hizo sus primeras incursiones en el mundo artístico modelando ropa de caballero, pues su buena figura, jovialidad, y simpatía, le ayudaron para este propósito, ocupando varios primeros lugares en distintos eventos.

A los 21 años (1938) Alvariño ya había sido locutor y actor en Radio Progreso, Habana; había ingresado en el Departamento de Publicidad de Sabatés, S.A. (Procter and Gamble), Habana, a cargo del Departamento de Concursos. Su gran acierto innato para la creatividad lo llevó después a ocupar el cargo de Ejecutivo de Propaganda. Trabajaba en ese año en la radiodifusora Cadena Azul en los programas «Manuel García, Rey de los Campos de Cuba», «Chan Li Po» y «Revista Llave al Aire», programas pioneros, iniciadores, que obtuvieron una gran audiencia en esos años.

Juventud, presencia, voz, mímica, y ansias de crear... ya en esos años consideraban a Alvariño el Orson Wells cubano, por su capacidad y dominio de múltiples facetas en el arte, la versatilidad, la expresión, la capacidad oral y la improvisación. Un gran artista joven ante el camino de la vida, un cristiano joven, católico, diariamente a Misa y a Comunión.

Hay que agregar que respecto a su presencia en Sabatés S.A. fue Director de Surveys, Director de programas de radio, Director y estrella de programas de Televisión. Además, Alvariño ayudó a formar los primeros estudios de consumo y mercadotecnia en la Habana, así como también los primeros intentos de Investigación de Audiencia en la Radio, colaborando activamente en la introducción de nuevas marcas de jabón al mercado y su estrategia de ventas y plan de promoción.

Como actor y director, en 1940, se hizo famoso por su personaje Tamakún «El Vengador Errante», desarrollando en este programa como director, un concepto moderno acerca de la utilización de los efectos sonoros, su potencialidad dramática, y puentes musicales, que fueron cuñas y realizaciones pioneras en aquella época en Cuba. Pero fue en su participación con su personaje de Machito en Los Tres Villalobos —en el que también era Director— donde quedaron asentados los cánones y normas de naturalidad y movimiento dramático y sonoro de la radio en Cuba.

Los Tres Villalobos de Armando Couto (1918-1995) se mantuvieron por más de dieciocho años en el aire, extendiéndose su éxito por Latinoamérica, al igual que Tamakún «El Vengador Errante».

Nombrado Jefe de Producción y Programas de R.H.C. Cadena Azul (1943), y acompañado por un Consejo de Producción competente, impulsó la Radioemisora colocándola en primer lugar de audiencia.

En 1944 actuó en Nueva York para NBC y CBS en programas patrocinados por el «Coordinador de Asuntos Latinoamericanos de U.S.A.». En este mismo año formó parte del doblaje de películas para Paramount Films. Referente a esta etapa de doblajes Jesús Alvariño comentaba: «*Mi contrato para doblar la primera película se originó cuando fui a los Estados Unidos en un viaje de estudio sobre Radiotelevisión, Dirección y Producción, enviado por la firma Sabatés. Al llegar a los Estados Unidos, inmediatamente comencé a trabajar para la C.B.S y la N.B.C., en programas del Coordinador, donde a la vez trabaja José Crespo, como Director del doblaje de las Compañías Paramount y RKO-Radio. El propio José Crespo me preguntó si me interesaba realizar una prueba para la primera película en español de los estudios Paramount, titulada «El mañana es nuestro», en la cual tiene el rol principal Alan Ladd. Enseguida acepté la invitación y conseguí el doblaje*»: «*La vista se fija en la pantalla para ver los movimientos que hace con la boca el actor «doblado». El artista tiene que aprenderse bien la lección.»*

También en 1944 participa en la película «Hitler soy yo», dirigida por Manolo Alonso y con actuaciones también de Adolfo Otero, Minín Bujones, Julito Díaz, Aníbal de Mar, Mario Barral, Rosendo Rosell, Maruja Sánchez y Rolando Ochoa.

La carrera de Jesús Alvariño era constante y ascendente. En esta etapa creó el primer programa dramático hecho frente al público asistente utilizando una orquesta sinfónica para los acordes musicales. Hizo lo mismo en un programa cómico-musical, donde presentó a artistas de gran valor como Jorge Negrete, Pedro Infante, Pedro Vargas, Libertad Lamarque, Luis Sandrini, Carmen Amaya y muchas otras de gran popularidad mundial.

Trabajando para la C.M.Q., en La Habana, 1949, formó parte del Staff de Directores y Actores. Tuvo bajo su responsabilidad el horario de la mañana de 9 a 11. Creó el programa «El Gran Show del Mediodía» que fue de gran impacto y popularidad, alcanzando liderazgo en la audiencia. Su trabajo en el Circuito C.M.Q. se extendió hasta 1960. Además, trabajó como moderador junto a Luis Echegoyen en el programa «La mesa cuadrada», iniciado por CMQ con una frecuencia diaria a las 8.55 de la noche y escrito por Castor Vispo. También participa en los programas radiales humorísticos, La Tremenda Corte, —como productor y actor— y los episodios de «Belarmino y Pepín o aventuras de un gallego y su sobrín», escritos estos últimos por Rolando Álvarez de Villa, bautizado por Alvariño como «Álvaro de Villa», igual al caso de «Rosendo Rosell», cuyo nombre artístico fue ideado por Jesús. Esa era otra afición suya: crear nombres más cautivadores que fueran pegajosos para el público. Formó una pareja cómica con el actor Luis Echegoyen (quien fuera su primo) en sketches de radio, con vestuarios completos y caracterizados, actuando frente al público en vivo.

A la llegada de la televisión en Cuba, 1950, se le confía la creación, producción y dirección del primer programa de tipo doméstico «La Familia Pilón». Crea el primer programa dramático donde logra reunir a figuras poco conocidas hasta entonces. Posteriormente se crea el primer programa de una hora de duración, patrocinado por la firma Bacardí y se le confía a Alvariño la dirección del mismo. Al año siguiente creó junto con el escritor Antonio Suárez Santos, su popularísimo programa cómico «La Taberna de Pedro», donde él era su director, productor y estrella, logrando mantenerlo en los primeros lugares de la preferencia del público televidente durante 8 años.

Vino después «Jueves de Partagás», «Tuppy Show», «Vídeo Revista la Corona», «Tic Tac Ford» y «El Show de Alvariño y Echegoyen» presentando primerísimas figuras mundiales en el arte, como Maurice Chevalier, María Félix, Edith Piaf, La Tariacuri, y muchas más figuras de la cultura universal. Estos programas se mantuvieron en la preferencia del público cubano a lo largo de la década del 50 del pasado siglo.

Por iniciativa de Jesús Alvariño (1957) se crea y organiza en Cuba «Siboney Film» y produce en la Habana para Desilu-Productions, en cortometraje, un piloto para el programa «Tonight in Havana». En 1958 crea el programa nocturno «Esta Noche en C.M.Q.», de una hora de duración a fin de levantar el rating presentando figuras de la talla de Jimmy Durante, George Raft, Tin Tan, Pedrito Rico, entre otros... Este programa se transmitía de 10 a 11 de la noche, alcanzó un rating fabuloso.

Jesús Alvariño fue definido por los críticos de la época como un genio creador, pionero, un perfeccionista, un ser en busca de la luz creativa, la luz exacta de la expresión, que logró siempre la risa amplia en lo cómico, provocó como pocos la chispa, la carcajada, y por otro lado, la emoción más profunda en lo dramático.

En noviembre de 1959 ayudó a organizar el Congreso Católico en Cuba, creando en ese magno evento «La Hora Santa del Artista». Dirigente de Cursillos de Cristiandad en San Juan

Puerto Rico, habiendo pertenecido a su escuela de profesores de 1962 a 1964.

En relación a la profunda fe católica de Jesús Alvariño, y a las circunstancias en que el artista salió de Cuba, nos dice su hija Luly Alvariño: «Yo comprobé que toda su vida, tanto en Cuba como en todas las ciudades en que residió, siempre tuvo muchos amigos sacerdotes. Él se consideró perseguido por ser líder católico, ya que organizó con gran empeño el Congreso Eucarístico Nacional y consecuentemente salió de Cuba aduciendo que sólo iba a cumplir con un contrato de trabajo en Puerto Rico, pero despidiéndose silenciosa y dolorosamente de todos. Su convicción era muy fuerte tanto como cubano que como católico, por lo cual nunca se vendería rindiendo pleitesía a la barbarie fidelista.»

Jesús Alvariño sale de Cuba el 12 de octubre de 1960 —con una Visa de trabajo— hacia Puerto Rico. Normita Suárez y sus hijos salieron de Cuba para Puerto Rico el 31 de octubre de 1960. En la tierra boricua, como la mayoría de los exiliados en sus inicios y aprovechando su temperamento inquieto y el poder de su persuasión recurrió a la venta independiente de artículos tales como biblias, y enciclopedias. Al igual que visitando empresas donde surtía a las máquinas de Coca-Cola y con la frente en alto llevaba su humildad y simpatía siempre consigo. Además incursiona esporádicamente en radio y teatro, como en algunos comerciales automotrices para la prensa y la televisión, y trabaja en una serie de programas patrocinados por la Cervecería India, y posteriormente con Gaspar Pumarejo y WIPR Radio. Fue de los primeros miembros en la Unión de Cubanos en el Exilio (UCE) en Puerto Rico. Al mismo tiempo en esos difíciles años negociaba con Screen Gems (subsidiaria televisiva en Latino América de Columbia Pictures) en Nueva York proponiéndoles la producción de programas piloto para el público latino, lo cual acogieron con sumo interés pero no aportaban el capital necesario.

En 1961 participa como co-productor de la película, «Santo contra el cerebro del Mal», dirigida por Joselito Rodríguez.

A finales de 1964 llega a Monterrey, N.L., México. En 1965 se hace cargo de la Dirección de Programas de Televisión del Norte (Canal 6). Posteriormente ocupa el cargo de Gerente General de Producción. Bajo su dirección se crean diferentes programas, entre ellos, «Carrusel de la Alegría», que no solamente salieron al aire en Monterrey, sino que se extendieron a América Latina, Nueva York y Miami.

Jesús Alvariño concibió y llevó a la Televisión en México el programa de más impacto en América Latina «La Tremenda Corte», logrando reunir de nuevo a sus estrellas Leopoldo Fernández («Trespatines»), y Aníbal del Mar («El Tremendo Juez»). Crea y dirige el programa dramático de una hora de duración «Rutas del Destino» reuniendo a los mejores escritores y artistas como fueron, Jorge Jiménez Rojo, Antonio Losada, Armando Couto, Altair Tejada; los artistas María Félix, Elsa Aguirre, Mona Bell, Carmen Ignarra, Tony Carbajal, etc., que actuaron bajo su dirección.

En Monterrey también produce «Simplicia la Secretaria», programa cómico, protagonizado por Normita Suárez, actuando en él figuras internacionales como los hermanos Rigual, Lucho Navarro, Alejandro Algara, etc. Al igual que los anteriores fue un programa de gran éxito en todos los países donde fue exhibido.

En 1967 llevó a Monterrey al genial cómico mexicano, Mario Moreno «Cantinflas», del cual era compadre, para participar en el Maratón de la Cruz Roja que se transmitió por el Canal 6.

En 1968 participa en la película mexicana, «Me Casé Con Un Cura», dirigida por Fernando Cortés, con actuaciones también de Aníbal de Mar, Maruja Sánchez y María Monterroso.

Jesús Alvariño terminó su contrato con el Canal 6 de Monterrey en Diciembre del 1968.

Después de esta etapa fructífera (1964-1968) en tierras mexicanas, Jesús Alvariño, su esposa Normita y Suárez y sus hijos llegaron a Miami, Florida, el 31 de marzo de 1969.

A mediados de 1969 visita Lima, Perú, como Productor invitado para la realización de «Aquí está Trespatines». En 1970 funda en Miami, Florida, Producciones Latino Americanas Mundiales junto con Tony Fergo y produce «El Tremendo Juez», «Simplemente Simplicia» y «La Familia Miseria».

En 1971 conduce en vivo un programa nocturno en la TV local llamado «AQUI ENTRE NOSOTROS», donde invitaba a personalidades del patio para entrevistarles. Crea «Normalva International» y tiene en preparación la producción de Telenovelas: «Señora» de la escritora Olga Ruilópez; «El Hombre que Volvió» con Braulio Castillo; «Destino Miami» de Jorge Jiménez Rojo, entre otros.

En el año 1976 se inició como Caballero Católico, en la Unión No.3, Parroquia de Santa Cecilia, en Hialeah, Condado de Dade, Florida.

Jesús Alvariño fue miembro de la Asociación de Profesionales Publicitarios de la Habana, Cuba; miembro del Club Kodokan de Judo, Jiu-Jitsu de Tokio Japón; de la Federación Cubana de Judo; Federación Internacional de Judo; Club de Pistola; Asociación de Artistas de la Habana Cuba; de la Asociación de Escritores de Radio y Televisión de la Habana, Cuba; del Screen Actors Guild, Nueva York; Asociación Puertorriqueña de Artistas de San Juan, Puerto Rico; de la Asociación Nacional de Actores de México (ANDA); Club Deportivo de Cazadores en Monterrey, N.L. Méx. Fue profesor de Judo, deporte dentro del cual es graduado Cinta Negra, Primer Dan, desde 1957; diplomado del Kodokán de Japón; miembro de la U.C.E. en San Juan Puerto Rico, y en la misma ciudad Instructor de Judo en el Cuerpo de Policía.

«Muchas veces he escrito comentando las clases de boxeo que recibíamos Jesús Alvariño y yo, en su casa de la calle Cárcel, del entonces conocido boxeador Kid Rapidez. Aquella casa, regida por la querida mamá de Jesús, María Luisa Govantes, era visitada también por el Dr. Armando Bucelo, cuya afición era el ajedrez, del que había sido un maestro. Pero Jesús y yo, siendo

artistas de la radio, desahogábamos nuestras inquietudes juveniles, practicando un deporte que nos pudo transformar la cara, (tan necesaria para nuestra profesión) así como ponernos chatas las narices. Pero, como teníamos energías para regalar, ayudábamos con lo que podíamos al buenazo de Kid Rapidez, y creíamos que dominábamos el arte de fistiana». Rosendo Rosell.

A partir de 1977 la salud de Alvariño declina, comienzan las limitaciones de una silla de ruedas producto de quien padece «esclerosis múltiple». Su físico y salud decaían, pero no su espíritu, su fe en Cristo. Fueron seis años en silla de ruedas pero frecuentando constantemente los teatros y visitando a sus amistades gracias a la generosidad de muchos que le frecuentaban y transportaban manteniéndose activo socialmente. Supo mantener en esos años, sumamente dolorosos, la iniciativa hacia la vida, el buen carácter, la sonrisa, el chiste, la chispa, y la simpatía de su genio creador. Es en esta última etapa de su vida es cuando más escribe, cuando más medita, cuando más lee. Siempre con la inquietud de extender su cultura al pueblo, su fe y cristianismo, y sus preocupaciones por el equilibro social, conformó dos libros. El primero lo tituló «Cristo o Castro» 1969 en primera edición, y «Destierro» 1980 en la segunda. Al segundo libro le dio por nombre «Otro Libro» 1978. Ambos libros son el producto de su recopilación de artículos publicados por él en distintos periódicos de Puerto Rico y Monterrey, México, así como otros escritos en sus años en Miami, Florida.

Sus últimos tres años de vida permaneció en cama, sin soltar el teléfono, para estar constantemente en comunicación y «en acción». Tras esos largos años de enfermedad, falleció Jesús Alvariño en la Ciudad de Miami, el día 5 de diciembre de 1985.

¿Cómo es posible lograr tanta maravilla? La vida de Jesús Alvariño es el descubrimiento de una energía de vida que se perfecciona mediante el talento, el profesionalismo y la dedicación al arte, a la expresión genuinamente popular. Jesús Alvariño supo agrupar en su entorno artístico y hogareño a la familia honrada, ingeniosa, sensible, cristiana y siempre fiel.

Con sorprendente sencillez, este artista generoso y solidario, transmitió conceptos claves que fueron primordiales en el desarrollo de la radio y la televisión en Cuba y América Latina. Afanoso en la necesidad de crear un teatro, una poesía, un espectáculo para el oído, dotado de la máxima claridad.

La vida de Jesús Alvariño estuvo rebosante de creaciones, vivencias, anécdotas, aportes, puntos de vista, que fueron momentos cumbres de una historia (radio y televisión) que exige renovación a diario, y que él supo motivar para el disfrute de diferentes generaciones. Él, con rigor y talento, logró dar protección al artista nacional, situar a los actores de su generación en el sitial que merecían, y supo llevar al oyente la mejor realización, el personaje creíble, y brindar al radioescucha y al televidente el milagro de un arte superior.

Normita Suárez Calviño
(Notas biográficas y semblanza)

Normita Suárez, la actriz del teatro, la radio y la televisión en Cuba. Allá en la patria ausente dejó surcos y guardarrayas de recuerdos, su voz, su creación, su ímpetu, su belleza, sus comerciales y sus múltiples personajes.

Normita Suárez Calviño nació en La Habana el 28 de noviembre de 1928. Por empezar desde muy joven en el mundo artístico se le llamó cariñosamente Normita. ¡Maní tostado y calienteee...! pregonaba Normita al recitar cuando su tía Carmelina la instó a participar en la Corte Suprema, presidida por José Antonio Alonso. Y el resto es historia.

De ahí en adelante fueron continuas sus presentaciones en el radio y las giras por toda la isla de Cuba, recorriendo pueblos, recintos de todo tipo, desplegando su gracia infantil hasta en el Rincón de San Lázaro (conocido leprosorio de la Habana) Normita la contaba a su hija que su mamá (la abuela Consuelo) le confeccionada sus vestuarios acorde a los cantos y poemas que representaba: de churrerito o de rumberita, etc. También solía cantar tangos populares. Su papá (Miguel Ángel) le pintó unos zapaticos de plateado, y a otro par lo cubrió con brillantina para sus presentaciones.

Normita recibió clases de declamación con la admirada Enriqueta Sierra, y para su educación elemental tuvo por entonces un maestro particular, de modo que no se interrumpieran los estudios básicos.

Entró al Cuadro de Comedias de CMQ Radio, donde actuaba regularmente en el popular programa de la Familia Pilón, entre otros, compartiendo con destacadas figuras del medio.

A sus doce años de edad, participó en el elenco de la película Romance Musical con Otto Sirgo y Rosita Fornés dentro de una extensa lista de artistas consagrados.

En la primera mitad de la década de los cuarenta, ya era muy prolífera su carrera artística, actoral y musicalmente, y también fue contratada para irse a Nueva York una temporada a doblar al español los diálogos de famosas actrices en las películas norte americanas por la difusión de dichas películas en países de habla hispana. Su madre le acompañó en todo momento.

Casada con el también actor, locutor, productor y director Jesús Alvariño el 2 de diciembre de 1945, en la Iglesia del Sagrado Corazón en la Habana, lo que fue considerada la Boda del Año. El cariño del pueblo cubano se expresó en una concentración multitudinaria dentro y fuera de la iglesia, por ser de sus artistas más queridos, y fue transmitida por la radio a todo el país. El matrimonio tuvo cuatro hijos: Lourdes, Alberto Jesús, Eduardo y Normita.

Los más populares «jingles» comerciales de la Cuba de antes de 1959 fueron grabados con su voz. Actriz de carácter genérico, se destacó hábilmente interpretando las voces de niños. Aquella voz de niña o de varón fue una habilidad espacial que dominó y le destaco grandemente. Y por otro lado una primera actriz en lo dramático. En la memoria del pueblo cubano quedaron vivamente sus comerciales con la figura saltarina sobre las latas de conservas «Stokely's»; «La muñeca Lilí»; la pregonera de «El que come manzana siempre gana».

Tuvo incontables intervenciones en la televisión. Las más connotadas y frecuentes fueron en Casino de la Alegría los miércoles, y en Jueves de Partagás, programas de variedades donde lo mismo actuaba en un sketch cómico, o cantaba o también en otra faceta musical suya, dobló hits de estrellas como Edith Piaf en francés y a Lena Horne en inglés, caracterizada como ellas.

Actuó junto al conocido actor mexicano Joaquín Cordero y el luchador libre Santo el Enmascarado de Plata en el filme «Cerebro del Mal».

El último triunfo que disfrutó Normita en Cuba, ya entre los años 59 y 60 aproximadamente fue con la serie televisiva semanal «Casos y Cosas de Casa» protagonizada por Normita con Jorge Félix, quien representaba a su esposo en la pantalla.

La popularidad de Normita y Alvariño, en el año 1959, los situaba como triunfadores. Sin embargo, la llegada del sistema ateo-comunista a Cuba, determina que busquen fuera de la patria, los valores que comenzaban a desaparecer allí.

Normita Suárez y sus hijos salen de Cuba el 31 de octubre de 1960 hacia San Juan, Puerto Rico.

En tierra boricua trabajó durante cinco años (1961-1965) en las cadenas televisivas Telemundo y WAPA, con los destacados productores de televisión Paquito Cordero y Tommy Muñiz, en diferentes y variados programas, donde recibió la cálida acogida del pueblo puertorriqueño. En 1965 le otorgaron el Premio de Popularidad en Puerto Rico por su exitosa serie «Simplicia la Secretaria», en la que demostró plenamente su vis cómica, personificando a una secretaria muy noble pero muy tonta.

Al igual que Jesús, su esposo, Normita asistió a los Cursillos de Cristiandad en San Juan de Puerto Rico en 1962.

Normita y sus hijos se trasladan a Monterrey, México, en septiembre de 1965, embarazada de su segunda hija Normita, para reunirse junto a su esposo Jesús Alvariño, quien había aceptado un contrato como gerente y productor ejecutivo con Televisión Independiente de México, primera empresa que estaba comenzando para competir con Televisa.

Entre diversas producciones de Televisión Independiente de México con sede en el Canal 6 de Monterrey, Normita desplegó sus habilidades dramáticas en la serie Rutas del Destino, caracterizada para representar diversos personajes junto a relevantes personalidades artísticas invitadas de la capital de México.

También filmaron a mediados de los 60 la serie Mi Querido Marido, protagonizado por Normita con el destacado actor mexicano Fernando Luján. Continuaron más series situacionales en Monterrey como el éxito de Simplicia la Secretaria para distribuirse en Latinoamérica.

En la década de los 70 y 80, residiendo en Miami, Florida, protagonizó innumerables novelas radiales, grabadas y transmitidas a través de la emisora W.Q.B.A; recibió la grata sorpresa de que estas radio difusiones eran muy escuchadas en toda Cuba, y particularmente con su personaje llamado «Blanca» en «Esmeralda», cosechó muchas muestras de gran acogida.

También en Miami actuó en un sinnúmero de comedias con el grupo de teatro Las Máscaras, dirigido por Salvador Ugarte y Alfonso Cremata, con inmenso éxito extendiendo largamente las temporadas de exhibición en sus salas. De igual modo protagonizó muchas obras en el teatro Martí con libretos del ocurrente y afilado Alberto González, destacado escritor cubano especializado en sátira política. Y además largas temporadas con las singulares creaciones del actor, escritor, caricaturista de altura Armando Roblán, quien lo mismo personificaba a Fidel Castro, ridiculizándolo eminentemente, o a su conocido personaje «el viejito Ñanito». Por su parte, Normita allí lo mismo representaba a Amy Carter (la hija del presidente estadounidense), o a Casimira La Fañosa, entre muchas otras personificaciones.

Normita descubrió en Miami una nueva faceta de su carrera artística como Directora Escénica. Fue un gran reto por lo numeroso del elenco al aceptar la propuesta del maestro Manuel Ochoa, Fundador y Director de la Orquesta Sinfónica de Miami, para dirigir la puesta en escena de la zarzuela española Gigantes y Cabezudos. Con anterioridad Normita había actuado en numerosas zarzuelas: con el grupo Fórum de René Alejandro; Florida International Music Association (FIMA), sociedad cultural impulsada por el tenor Carlos Barrena, entre otros; y la Sociedad Pro-Arte Grateli, fundada por la soprano cubana Marta Pérez, Miguel de Grandy, Pili de la Rosa y Demetrio Menéndez, aún vigente después de más de cuarenta y cinco años.

Su personaje *Simplicia la Secretaria*, culminó en una película titulada The Miami Affair, o Simplicia en Miami, *producida por Sergio Fiallo*.

Normita también condujo un programa radial de apoyo espiritual con Monseñor Agustín Román, quien posteriormente fuera Obispo Auxiliar de la Arquidiócesis de Miami, y alternaba igualmente en el aire con los muy activos y connotados sacerdotes Francisco Santana y Federico Capdebón. El programa se llamaba «En Busca de la Felicidad» y se transmitía por Radio Mambí.

También colaboró actuando en las funciones organizadas por las misiones humanitarias del «Miami Medical Team», a petición de su fundador y director, el admirable Doctor Manuel Alzugaray, en sus viajes de ayuda a Centro América.

En 1984 Normita Suárez no accede a un contrato con Radio Martí (Washington. D.C.) por mantenerse al lado de su esposo Jesús Alvariño que para esa fecha ya tenía que permanecer en cama. Referente a esta época señalaba el periodista Raúl León: «Al visitar el hogar de estos buenos hermanos, estando Jesús en cama, con su salud muy deteriorada, pasando ambos por momentos difíciles, observamos a Normita allí a su lado, como en los momentos más felices de sus vidas. Son rostros llenos de optimismo cristiano, eran un reto al cuadro de dolor que contemplábamos. Los presentes nos miramos y coincidimos en que nos hallábamos ante dos grandes seguidores de Jesús, dos hermanos que nos mostraban al Cristo de la Cruz, ya resucitado en sus corazones.»

Normita Suárez queda viuda el 5 de diciembre de 1985. Ella, pequeña de tamaño, pero grande en corazón y en talento artístico y en amor a la familia, vivió 40 años de vida en matrimonio.

En 1986 Armando Pérez Roura, director general de Radio Mambí, la contrató para producir en el espacio de las once de la mañana el programa cómico-musical «Qué Cosa Más Dura», con el actor cubano Evelio Taillacq de contrafigura. Fue un rotundo éxito de audiencia. En él, Normita representaba múltiples personajes creados por ella como: Casimira La Fañosa, Fefa la Gallega, Teté la viejita desmemoriada, Cuca Bombillo la Billetera de Chambas, Amparo Vitrina la argentina, Chela Chave, Paula Cachete, etc… Y todos los diálogos eran enteramente improvisados por su creatividad, y no seguían libreto alguno. El programa «Qué Cosa Más Dura» se transmitió en vivo de lunes a viernes por espacio de 7 años ininterrumpidamente. Los primeros 5 años por Radio Mambí, y los últimos 2 años a través de La Poderosa-RHC, hasta el deceso de Normita.

Falleció en Miami, el 30 de enero de 1994.

Armando Pérez Roura, expresó: «yo no sé si ustedes saben que Normita Suárez para mí, como lo fue su esposo Jesús Alvariño, era algo más que una compañera de trabajo, que fue una estrella del cielo cubano que le dio tanta gloria a nuestra patria. Normita Suárez, que acaba de fallecer, que acaba de partir para unirse a tantísimos cubanos que tanta gloria le dieron a Cuba… deja un gran vacío en el arte del folclor cubano… Normita parte, nos antecede en el camino, va a unirse a su esposo, Jesús Alvariño, en ese mundo donde no se sufre tanto».

Para finalizar transcribimos el artículo de Rosendo Rosell, publicado en el Diario de las Américas, que es una excelente muestra de la figura de Normita Suárez y sus contribuciones a la radio y la televisión, no sólo en Cuba sino en América Latina.

¿Por qué no acordarnos hoy de… Normita Suárez?

Precisamente, Normita Suárez, es una demostración fehaciente de la admirable calidad artística de las estrellas surgidas en aquella cantera inolvidable, que fue «La Corte Suprema Del Arte», brillantemente conducida ante los micrófonos de la C.M.Q., por José Antonio Alonso, y detrás de los telones, por aquel dinámico hombre de radio: Miguel Gabriel.

¡Cuántas acariciadas ilusiones por los aspirantes a estrellas nacientes, en aquellos portales de Monte y Prado! ¡Había tanta alegría en el quehacer radial de aquellos años 30 y 40! (Quizás porque éramos jóvenes, pensamos que fue la etapa más feliz de nuestras vidas...)

Y Normita Suárez, niña aún, acaparó con Adria Catalá, buena parte de las simpatías del público asistente y oyente.

Porque el público se disputaba noche a noche, la entrada a los estudios «arcosónicos» para presenciar el nacimiento de las nuevas figuras del arte. Aunque cabe destacar también que muchos fracasaban también al escuchar la célebre campana, que accionaba Miguel Gabriel, cuando él, o la aspirante, no reunía las condiciones necesarias para ocupar el puesto a que aspiraba.

La madre de Normita la acompañaba a todas partes. Inclusive, cuando Normita empezó a noviar con Jesús Alvariño, con quien, al poco tiempo, casó. Todavía con sus medias «bataclanas» venían Normita y su mamá, a los estudios de la RHC-Cadena Azul, a presenciar algunos de los programas que hacíamos con Jesús, como «Belarmino y Pepín» (antecedente de «La Tremenda Corte»), «Tamakún», «Lo que Pasa en el Mundo», «La Novela del Aire», hasta terminar el Noticiero Resumen, que hacíamos a 4 voces. Jesús Alvariño, Jorge Luis Nieto, Ibrahim Urbino, y yo.

La enorme calidad artística de Normita Suárez se impuso, tanto en lo dramático como en lo cómico, a través de la radio, la televisión y el teatro, hasta llegar a nuestros días, en que se desempeña radiofónicamente en la potente «Radio Mambí», y es una de las estrellas más solicitadas y aplaudidas por el público, en los más concurridos teatros de Miami.

Triunfadora en la televisión cubana, en aquellos anuncios de «Stokely´S» que eran toda una producción y que, sin embargo, se hacía directamente ante las cámaras, porque todavía no había el socorrido recurso de Videotape, ni se usaba el «telepronter», y todo se confiaba a la memoria y a las facultades que tuviera cada cual. Los anuncios se cambiaban casi DIARIAMENTE, y se montaban en un ensayo, y... ¡al aire! Este de «Stokely´S» lo escribía y dirigía Raúl Verrier, hoy compañero nuestro en DIARIO DE LAS AMÉRICAS. En la televisión actual, un anuncio similar, costaría un ojo de la cara y se llevaría unas cuantas semanas de filmación.

Famosísimo comercial de TV en vivo, joya de ingeniería, a mediados de los 50 donde Normita aparecía saltando de latica en latica mientras cantaba el jingle

Reseña histórica de la radio en Cuba y los Tres Villalobos

Francisco Puerto Rodríguez
Escritor y Poeta

A punto de finalizar el primer lustro de la convulsiva década de los años 40 del Siglo XX, en que el mundo presenciaba, atónito, los horrores del holocausto más terrible que recuerda la humanidad: la aterradora Segunda Guerra Mundial, Cuba, una pequeña Isla soñadora y romántica, se columpiaba tranquilamente, acariciada por las cálidas aguas del anciano Mar Caribe.

Ya en esa época, y a pesar de los estragos y las secuelas dejados por dos grandes conflictos bélicos a nivel global, el mundo también era testigo de nuevos avances, nuevos inventos y descubrimientos que en todas las esferas del conocimiento humano se iban manifestando, para engrandecer y afianzar el progreso indetenible de nuestra Raza.

A partir del invento de la Rueda Dentada, hasta llegar a la creación de la Imprenta, el hombre fue cada vez más libre y por consiguiente más independiente. Adquirió nuevas formas de humanizar el trabajo y también las de engrandecer sus conocimientos sobre el mundo que habita y poderlos transmitir a sus semejantes a través de la letra impresa.

Quizás, si opacado por el valor incuestionable de tantos descubrimientos e inventos que han revolucionado al mundo, se encuentre en el lugar más modesto y olvidado el de la Radiodifusión Sonora, que irrumpió en el lejano 1919 y que en pocos años fue perfeccionándose e invadió los cinco continentes, rompiendo hasta el fin de los siglos la barrera del silencio que impedía la comunicación entre los hombres de una manera expedita.

Ya en el año 1887, el día 16 de mayo, Emil Merliner, un norteamericano de origen alemán y alumno de Edison presentó a consideración de un privilegiado público la novedad del discograbado. El día 18 de julio del propio año Thomas Alva Edison, para probar su invento llamado Fonógrafo, realizó la primera grabación de la humanidad, cuando exclamó de una manera elocuente: «María tenía un corderito y parecía blanco como copo de nieve».

Para 1925 aparecieron las grabaciones eléctricas por micrófono. Estos hechos, así como otros de singular relevancia posibilitaron un avance extraordinario, hasta llegar a la consagración de la Radiodifusión.

Pero volvamos a nuestra Isla paradisíaca llamada Cuba. Quizás por su estratégica ubicación: El extenso Mar Caribe al Sur y al Norte el anchuroso Golfo de México, siempre se ganó los honrosos calificativos de «La Reina del Caribe», «La Llave del Golfo», etc. Esta característica geográfica le ha asegurado siempre los primeros lugares de participación en cuantos eventos de repercusión continental y hasta global se han producido.

La Radiodifusión Sonora fue el ejemplo más evidente de este singular privilegio. Recordemos por qué. El martes 10 de octubre de 1922 tuvo lugar la primera audición radial, efectuada por la PWX operada por la Cuban Telephone Company, situada en la calle Águila Núm., 161 en la capital Habanera. Sólo dos años después de que lo había hecho en Pittsburg, EE.UU.

De esta forma Cuba se constituyó en el segundo país de América en inaugurar la Radiodifusión. Eran las 4.00 PM de tan memorable fecha, cuando la Banda del Ejército, dirigida por el flautista y compositor, el Tte., Luís Casas Romero interpretó el Himno Nacional Cubano. Seguidamente se interpretaron canciones de afamados compositores en las excelentes voces de los mejores cantantes de la época. Es de señalar que en ese histórico momento sólo existían en la Isla 40 aparatos receptores.

A partir de ese hecho y de manera vertiginosa fueron surgiendo nuevas Emisoras Radiales. Los radios Receptores invadieron la república y hasta los lugares más remotos de la geografía cubana llegaban las mágicas señales sonoras, que para la mayoría de los oyentes de entonces les resultaban inexplicables. Con sólo accionar el interruptor de aquella «Caja Milagrosa» se podía prescindir de acudir a un teatro para escuchar a los más afamados tenores del momento. Sones, rumbas, boleros, danzones, interpretados por conjuntos musicales, tríos, orquestas, abandonaban los cabaret y otros recintos y se trasladaban mágicamente a los hogares cubanos para deleite de los moradores.

El conocimiento, casi inmediato de los sucesos más trascendentes ocurridos en el mundo era recibido a través de los Noticieros Estelares que a diario se escuchaban por distintas emisoras. Y así, a la par de otras variadas ofertas, se fue convirtiendo aquel fabuloso invento, casi imperceptiblemente, en algo tan necesario como imprescindible para el cotidiano vivir.

Otros Espacios se fueron incorporando a este novedoso medio de difusión; pero indudablemente que fueron los Dramatizados los que señalaron el camino triunfal a la Radio Cubana, aun hasta nuestros días. Fue así como en los primeros años de la década del 40 del pasado siglo, la ya experimentada Emisora RHC-Cadena Azul, Propiedad del Sr. Amado Trinidad Velazco, dueño de una afamada Firma de cigarrillos comenzó a transmitir de lunes a viernes, en el espacio de las 12 del mediodía, episodios que pertenecían a una Serie titulada «Los Tres Villalobos». El escritor de esta Obra, la más famosa de cuantas surcaron las ondas radiales cubanas, fue un joven talento casi desconocido en aquel entonces y que tenía por nombre Armando Couto (1918-1995).

Apenas comenzaron los primeros capítulos, fue tal la aceptación de niños, adolescentes y adultos, que en breve tiempo esta serie obtuvo el primer lugar en audiencia, entre todas las demás ofertas radiales, y así fue hasta el último día que salió al aire. La trama de la Serie fue muy bien estudiada por su autor, ya que el concepto de Justicia, de honradez, de equidad, así como la defensa a ultranza hacia todo aquel que en algún momento esté siendo oprimido, abusado o sometido a tratos crueles por individuos o por intereses poderosos, es un concepto arraigado en el hombre desde edades muy remotas.

Los Tres Villalobos eran por consiguientes hombres dedicados a combatir la injusticia y el crimen donde quiera que se manifestaran. Así lo juraron ante el cadáver del hermano mayor de ellos, el cual fue víctima del poder y la ambición de un hombre cegado por el odio y la maldad. Tenían sus propias leyes; las más justas y no siempre bien aceptadas por los que estaban obligados a hacerlas valer y las ignoraban en aras de intereses personales y mezquinos.

En cada cubano de aquella época coexistía alguno de los tres hermanos Villalobos; ya sea Rodolfo, caracterizado por el actor Ernesto Galindo (Rodolfo era sosegado, flemático, inteligente. Era la cabeza pensante del Trío), Miguelón, caracterizado por el también actor y cantante Rolando Leiva (Miguelón era exaltado, impulsivo, audaz, y sobre todo muy valiente) y por último, Machito, en la persona de Jesús Alvariño, excelentísimo actor, escritor, productor y creador de otros inolvidables personajes de la radio y la TV. (Machito era el más joven de los tres; su carácter contagiaba la alegría al grupo con sus bromas y sus actos a veces pueriles; pero también sabía mostrar el valor, la audacia y la serenidad, que en momentos cruciales fuera necesario adoptar). Estos queridos artistas se presentaban de improviso en cualquier calle habanera o en los barrios más populosos, caracterizando los personajes que representaban y eran aplaudidos y vitoreados hasta el delirio por todo el pueblo.

La conducta seguida por aquellas fanáticas gentes, ante la ocurrencia en sus vidas personales, de algún hecho problemático, la sumían y la enfrentaban bajo esa extraordinaria e imaginaria simbiosis. En cualquier esquina de cualquier barrio, o en lo más abrupto de una serranía te encontrabas con «un

Villalobos» capaz de vender cara su vida por vengar una injusticia o por enmendar un agravio. Bastaba para que en un hogar existieran tres hermanos hombres, para que se hicieran llamar los Tres Villalobos y no dudaban en exhibir el vestuario característico de esos legendarios personajes: pantalón y camisa de vaquero, sombrero alón, botas de montar y pañuelo al cuello.

Miles de nacimientos en aquellos años, en cualquier lugar de la geografía cubana, recibían en la pila bautismal el nombre de Rodolfo, o el de Miguel, para llamarle después Miguelón, o el de Jesús, para ser llamado Machito. Muchos establecimientos comerciales y aun hasta nuestros días, incluyendo bares, cantinas, hospedajes, ostentaban el emblemático nombre de los Tres Villalobos.

El paso inexorable del tiempo, por una parte, la desidia y los antagonismos políticos y sociales por otra, han sepultado en el más cruel olvido, junto con su insustituible autor, esa maravillosa obra novelesca que por su hondo contenido humano, la credibilidad de sus personajes, así como la accesibilidad a todos los públicos, supo llenar con creces la época dorada de la radiodifusión en nuestro País.

Sólo unos pocos cubanos, entre los que felizmente me incluyo, sentimos aún en nuestros oídos el repicar de los cascos de Centella, Azabache y Tormenta; cargando en sus respectivas monturas a esos tres paladines, vengadores y justicieros surgidos de la maravillosa pluma de Armando Couto.

¡Gloria eterna a ellos!

Francisco Puerto Rodríguez
La Habana, Cuba, mayo 2014

Jesús Alvariño y la Palabra
Crítica Literaria
Víctor Puertodán

Introducción

Si Jesús Alvariño fue un extraordinario y brillante actor de la radio, el cine, el teatro y la televisión en Cuba, entre un grupo de valiosísimas figuras que marcaron una época en las décadas 40 y 50 del pasado siglo XX, también fue un escritor entusiasta, continuo, de formación autodidacta... A la hora de escribir, en su costado dejaba descansar el ramillete de sus personajes: «Tamakún, el vengador errante»; «Machito Villalobos», «Pedro el Polaco»; «Pangacho Picardía» y tantos otros que Alvariño supo caracterizar con talento y dedicación; ahí quedaba el actor, el artista amplio y versátil, para dar paso adelante a la palabra escrita, al verbo cercano, elocuente y próximo al pensar común... para dar paso adelante al hombre, al humanista, al cristiano, al cubano...

Con los artículos publicados en la década del 60 del pasado siglo en distintos periódicos de Puerto Rico y Monterrey, conformó dos libros: «Cristo o Castro» en primera edición a principios de la década de los 70 y «Destierro» en la segunda, a mediados de la misma (prólogo de Armando Couto), y un segundo libro titulado: «Otro Libro», 1978 (prólogo del Dr. H. Portuondo). De los 74 artículos que conforman los dos libros, hemos extraído 33 artículos que darán cuerpo a esta antología que presentamos en este libro.

Los 33 artículos están presentados en las siguientes temáticas:

Humanidad, Moral y Convivencia (7 artículos)
Jesús y Cristo (11 artículos)
Cuba de rodillas (4 artículos)
Jesús Alvariño. Artista y hermano (11 artículos)

Antes de centrarnos en el análisis de este conjunto de artículos que muestra la vitalidad de la palabra de Jesús Alvariño, es saludable observar cómo llegó el actor a animarse para publicar estos dos libros. Para ello transcribimos algunos fragmentos escritos por Dr. Hilario Portuondo, en el prólogo al libro de Jesús Alvariño «Otro Libro» (segunda edición, 1978), y donde hace referencia a la gran amistad de Alvariño con Carlos Manuel Pellecer, (escritor y político guatemalteco):

«Jesús Alvariño es un nombre bien conocido en Cuba, su país natal. También se le conoce en México, donde pasó cuatro años, en Monterrey, como Gerente de Producción y Programas del Canal 6 de Televisión.

Fue a Puerto Rico cuando salió de Cuba en 1960. Allí escribió varios artículos en la revista Bohemia Libre. Recordamos entre ellos «Carta abierta al artista cubano», dedicado a los artistas cubanos todos, «Nuestro primer mártir», a modo de homenaje póstumo a Federico Pinero.

En Lima publicó en La Prensa, «Gracias Perú», y en Santo Domingo publicaron en 1964, un bonito artículo, que él tituló «Quisqueya, Tamakún te abraza». Pero sin duda, donde más artículos publicó fue en Monterrey.

Jesús Alvariño llama su «padrino literario» al ilustre escritor guatemalteco don Carlos M. Pellecer, de quien son estas palabras: *«por favor, Jesús, no me llame «padrino», ni siquiera a la italiana... La inteligencia, el talento, la sensibilidad, son cualidades ingénitas en usted... no ameritan condicionarse a otras voluntades y, mucho menos ser encadenadas, aunque sea, con cariño, por ese término «gratitud». Usted, Jesús, es un valor, y los valores verdaderos, como las montañas, mantienen su altura, que no la determinan ni el sol, ni el viento ni cuanto las rodean; son por ellas mismas, majestuosas y grandes. Usted nació escritor, artista, soñador... Busque en usted mismo al «padrino»... Está en usted, escúchelo: es su propio, apasionado corazón».

Desde una fuente autodidacta —como ya hemos advertido— estamos frente al espíritu cristiano, la sensibilidad humanista, y el hombre que fue Alvariño, desde la ventana que nos ofrece su palabra.

Jesús Alvariño ... Una mirada a sus artículos

Víctor Hugo escribió: «La palabra es un ser viviente, mucho más poderoso que aquél que la usa; nacida de la obscuridad, crea el sentido que quiere; la palabra es mucho más todavía de lo que el pensamiento, la vista y el tacto externos pueden dar: es color, noche, alegría, sueño, amargura, océano, infinito; es el logos de Dios».

En Jesús Alvariño la palabra es comunicación popular, y la sincera expresión de la fe cristiana. En conjunto, sus artículos nos mostrarán en todo su volumen la amplitud de su reflexión humanista y la vigencia plena que ella tiene en la hora actual. Al leerlos, comprobamos que Alvariño domina como testigo de la experiencia, a la vida moral y al arte. Y no es sólo el estilo discursivo, lleno de gracia y ritmo, sino también la sabiduría autodidacta de gran concepto moralista, desde donde emergen múltiples asuntos que compendian la unidad orgánica entre cultura y religión, como expresión humana que debe realizar el bien del hombre.

Temática: Humanidad, Moral y Convivencia

Creemos oportuno mostrar un fragmento de la carta que le envía Carlos Manuel Pellecer a Jesús Alvariño el 17 de junio de 1970, desde el Consulado de Guatemala en Ámsterdam, Holanda, dirigida a Jesús Alvariño le enfatizaba: «No hay vínculo mejor que el de los espíritus que sueñan con la libertad y luchan por ella y por la justicia, no se trata pues de «prestigio» alguno, sino de la misma voluntad que nos hermana, pese a extravíos y alucinaciones momentáneas. Si Ud. cree en la voluntad creativa del hombre, en su sensibilidad, en su hermoso destino, yo que también creo en estos factores, debo ponerme a su lado y alentar sus esfuerzos como en la hora debida Ud. alentó generosamente los míos. El vínculo es pues, natural, así, como Ud. dice: «Mártires de un pueblo que sabe reír cuando puede, pero también sabe morir como debe». Porque ese es el pueblo: la humanidad; porque soñamos, reímos, sufrimos y esperamos, por ella».

Estás palabras de Pellecer muestran el sentido humanista y la voluntad creativa de Alvariño en pos de un mejoramiento humano.

Desde los primeros artículos (*Amistad, Envidia, La Sinceridad*) de esta temática, Alvariño insiste en que el principio moral básico es inmanente a las actividades de nuestra vida diaria, unido en lo cotidiano, y que sólo puede ser descubierto mediante la recreación de este mismo principio moral básico: la amistad, la sinceridad, la fidelidad... y sus contrarios: la envidia, el rencor, etc....

Amigo es el que sirve sin querer que lo sirvan.

Muchas veces se sirve, pero solamente por el mero interés de que lo sirvan a uno. Y así no SIRVE para nada el que sirve.

En estos artículos, de forma cercana, directa y significativa, Alvariño nos muestra un cosmos de humanidad, y al mismo tiempo un modelo a seguir, en cuanto a valores se refiere; cree Alvariño en el hombre y cultiva su humanidad...

La envidia nace de la mezquindad del carácter de gentes que pudiendo volar como las águilas prefieren rastrear como los pollos.

Es amigo el que está siempre listo a la ayuda de su prójimo, pero eso no implica que ese «prójimo» deba servirlo...

Tenemos necesidad de estimular nuestra sinceridad; de manifestarnos tal cual somos. Un «¡sí, señor; cómo no!» falso, vale muchísimo menos que un «fíjese que no puedo» sincero. Un «con mucho gusto» hipócrita, no sirve para nada ante un «cuánto lo siento» sincero.

Y después exhorta... recuerda las pautas originarias del hombre:

Sinceridad absoluta. ¡Franqueza total! Ser sinceros, aunque nos cueste. Esto hará mejores hombres. Robustecerá la amistad. Dignificará a los humanos.

Los siguientes dos artículos de esta temática: *¡No tengo tiempo!*, *No dejes que otros hagan*, son asuntos de actualidad, problemas del individuo que repercuten a nivel social obstruyendo la sana convivencia, el flujo y desarrollo de la comunicación humana. Eran los años 60 cuando Alvariño ya mostraba preocupación por el «acomodo», y el desvío del hombre del siglo XX hacia la irresponsabilidad, la poca atención en sus obligaciones, cuestión ésta que se mantiene y ha ido creciendo en los primeros años del presente siglo:

¿Cómo se nos ocurre decirle a alguien «no tengo tiempo»? Pero, señores, si el tiempo es nuestro. Si no podemos ser esclavos del reloj, sino por el contrario, es el reloj quien nos sirve a nosotros. No permitir que el tiempo lo maneje a usted. No sea esclavo del relojito que lleva en la muñeca, haga que ese relojito sea su instrumento, no su dueño.

Busca Alvariño la revitalización de nuestra <u>escala</u> de <u>valores</u>, renovadas formas de <u>comportamiento</u> humano, entre sí, y con el medio que le rodea, lo que implica rescatar las fibras ancestrales del ser humano que tengan que ver con la <u>solidaridad</u>, la colaboración, la <u>responsabilidad</u>, en una afirmación de unos junto a otros y no sobre los otros:

No nos es posible proyectar nuestros deseos como solamente nosotros mismos podemos hacerlo.

No deje que otro haga por usted lo que solamente puede hacer usted por sí mismo. Nuestros deseos llegan más puros, más claros, mucho más sinceros, a través nuestro.

La temática cierra con dos artículos: *Auxilio!... Help!... Au Secour!*, que es un retrato que nos ofrece el autor sobre la labor de la Cruz Roja: *hay una institución que está siempre alerta, dispuesta a servir; presta a la ayuda; lista para el auxilio inmediato: La Cruz Roja*; y *Las barberías cubanas en Miami*, donde nos ofrece una estampa del cubano en el exilio, propia de su exquisito humor y talento para captar la expresión humana, y la idiosincrasia cubana.

En resumen: ya en esta temática Alvariño deja señales de preocupación por el hombre, su honradez, su disposición hacia la cultura, hacia el despertar de conciencias desde una atmósfera de austeridad y pureza destinada a la educación moral. Nos recuerda «principios morales» para resolver los problemas que tienen que ver con el bien y el mal, con lo que debemos hacer o debemos evitar.

Temática: Jesús y Cristo

Si en la temática anterior Jesús Alvariño nos dejó una muestra de la escala de valores humanos, y un camino creativo en busca del mejoramiento del hombre, su solidaridad, la asistencia, la responsabilidad, la lealtad... en esta temática se contempla la expresión y el testimonio del cristiano que fue Alvariño a lo largo de su vida.

En los 11 artículos que conforman esta temática (*Semana Mayor; Mundo mejor; Yo no sé; Un corazón negro; Resurrección; El seminarista; Ruego desesperado; Carta abierta... al hombre actual; Virgen de la Caridad, Patrona de Cuba; Mi intimidad con Cristo; y Acto de contrición de un cubano...*) está presente el espíritu cristiano de Alvariño.

Desde su juventud fue un constante servidor de Cristo. Siempre con la inquietud de que conocieran de su fe y cristianismo para extender el Legado de Dios. Jesús Alvariño fue un verdadero cristiano: *Quiero ser mejor, Señor... y ¡cuesta mucho!* Un cristiano preocupado: *Yo no sé, Señor, por qué el hombre no acaba de comprender al hombre...* Un cristiano sincero: *Yo no sé por qué le hago al «otro» lo que no me gustaría me hicieran a mí... (...) Yo no sé por qué en los Cursillos de Cristianad vivimos un encierro de tres días en plena fraternidad y nos cuesta tanto vivir «el cuarto día» en igual forma...*

Un cristiano: *El explicarme a mí mismo cada uno de estos «yo no sé» es terrible, por eso es preferible que cada uno de ustedes se lo conteste a sí mismo. Habrá quienes «sí lo sepan» y no les parezcan tan horribles las razones.*

Yo sí sé porque por ellos rezo.

Exhorta Alvariño en estos artículos a hallar el estado de la verdadera humildad, quietud interior y gozo en el Espíritu Santo. Advierte que si estos no se ejercitan, no se sabe ser religioso, no se sabe buscar a Cristo, sino a sí mismo...

Jamás podremos dilatar el Reino de Dios en la tierra, mientras no podamos luchar virilmente, con la valentía de los que se saben elegidos por el Señor.

Y gracias a Dios que me da el privilegio de querer usarme de instrumento de vez en cuando; cuando me olvido de esos «respetos humanos», poniendo como valor prevalente a Cristo en mi vida, siento que mi conducta, moviéndose inspirada por mi Hermano Mayor, y conscientemente intuida por el Espíritu Santo, se proyecta en otros, no importa quienes estos sean, aplastándolos al poderoso impacto de un hombre de Dios, actuando con la tremenda moral que le da la vida en gracia habitual consciente y creciente.

Los valores que manifiesta la expresión de estos artículos exhiben una legado cristiano, basado en la palabra, la escritura, para predicar el amor y la generosidad... presente en una obra creativa, de elevado contenido cristiano, original, expuestos en una vocación de servicio en función del hombre y la fe. Por eso, el decoro de estos artículos se vincula a la honradez; el deber cristiano y el cuidado de sus preceptos que es de donde brota la raíz.

Es preferible morir peleando que vivir con miedo. Dejemos de «buscar» un mundo mejor... ¡Hagámoslo nosotros mismos! Dios nos ayudará a construirlo si queremos trabajar para Él.

Por eso hoy, Día de la Resurrección, pensemos como Él y confiemos en Él. Igual que Cristo sentiremos que acaban todas las angustias y como Jesús resucitaremos felices y alegres. Ya lo dijo el Señor, abriendo sus brazos amorosos: «Yo soy el Camino, la Verdad y la Vida».

Dignidad y Virtud fueron tributos en Alvariño, valores supremos que defendió en su persona y en los demás; la virtud le nacía de la confianza en lo mejor del hombre, de sí y de los demás... pero también la solidaridad, máxima en la expresión de su amor. Y por otro lado su concepción de lo cristiano como hecho cultural, como expresión humana, inserta y unida a la cultura, como una de sus determinaciones esenciales.

¿Un mundo mejor? Busco un mundo mejor... y en realidad no debo buscar un mundo mejor, sino fabricar, hacer, construir un mundo mejor, que es distinto a buscarlo. ¿Por qué buscar un mundo mejor, en vez de «construir» un mundo mejor? Se busca lo que no se tiene o no se sabe hacer.

El hombre es la última palabra de Dios, la más excelsa obra de su creación. La palabra es herramienta, cincel, y cuando su ánimo lleva del músculo la intención cristiana, entonces relucen los párrafos de Alvariño, su constancia, su resolución de comunicar el Legado de Dios, y siempre en una forma directa, sin discursos vacíos o metafóricos que pretenden más la exhibición que el valor de informar, avisar, prevenir, indicar y aconsejar en pos de un mejoramiento humano como el que despliega esta temática.

También yo tengo en mi cuarto un pequeño crucifijo a quien le hablo a diario, porque quiero ser su íntimo amigo. Después de todo no hay nada de mí que él no conozca. Desde entonces yo también lo trato a Él de tú. Porque nos entiende como nadie. De ahí nació mi intimidad con Cristo.

Temática: Cuba de rodillas

El ARTISTA cubano fue siempre por naturaleza, tibio, frágil, voluble, despreocupado. Como todos los mimados por el público, la política le interesaba poco. Su condición de favoritos de un pueblo cariñoso, cordial y expresivo en todo momento, obligaba al artista cubano a no definir su línea de conducta ciudadana, toda vez que «su público» estaba compuesto por cubanos de distintas tendencias, razas y religiones. Y el artista veía en ellos, eso solamente: «el público» sin distingos de partidos o agrupaciones. Y así corría la Cuba de Ayer...

En los cuatro artículos (*Cuba de rodillas; Nuestros héroes; Cristo o Castro...; No todos los que están son...*) de esta temática, Alvariño denuncia la situación de Cuba (década del 60 y el 70): sin libertad, sin bienestar, sin desarrollo multifacético, impidiendo el desarrollo del progreso cubano, sin democracia, y sumida en un estancamiento insoportable.

A los problemas de Cuba, incluido por supuesto la cultura cubana, dedica atención especial en sus artículos. Deja asentado el imperativo de afianzar, preservar y desarrollar los valores culturales cubanos, para consolidar nuestra cubanía e insertarnos en la cultura universal con derecho soberano y ser contemporáneo.

Nos recuerda Alvariño en esta temática que el «cubano del exilio» en tanto hombre emancipado, libre y virtuoso ha sabido labrar el futuro como sujeto, pero debe asirse más a la tradición, con memoria histórica y personalidad colectiva del cubano.

Así es. Como reza el título. Cuando usted piense en aquel artista que en la Cuba de ayer lo entretenía, en las gratas horas del hogar, desde la pantalla de su televisor... Cuando usted recuerde a su actriz favorita, a quien le gustaba ver en su programa preferido... Al recordar a aquél su amigo que invitaba a las «pequeñas», en galante gesto, a beber de su copa... por favor, en nombre de muchos de ellos escribo: ¡no los condene! Y se lo digo con plena convicción; ¡ellos no son culpables! Hay muchos artistas populares que hoy viven en Cuba. Varios guardan prisión; otros están libres y muchos de los que están, no son lo que usted imagina.

En su denuncia al régimen cubano Alvariño se apoya de forma decidida en la fe cristiana. Por Cristo, Alvariño ha sido digno y libre, independiente y sabio, conocedor de los demás y de sí mismo, instruido e inspirado en la lectura autoeducada y continua, y son reiteradas las evocaciones a Cristo para que interceda por el destino de Cuba. Fija los ojos en los mandatos cristianos y pide, y ora...

Y ante el interrogante de aquella época de tibieza y dudas en que había de tomar un camino CRISTO... o CASTRO, su decisión fue clara, abrazó a CRISTO frente a las barbas de CASTRO. Prefirió la cruz del destierro a las promesas malignas del Gran Farsante.

Los cubanos errantes, Padre, y, los que en nuestra isla sufren, esperando en TI, que se acaben las tinieblas que oscurecen nuestro suelo, nos POSTRAMOS A TUS PIES, Señor, pidiéndote una CUBA NUEVA, distinta a la de antes, en que pensábamos poco de TI; diferente a la isla cautiva de ahora, donde TÚ no importas... ¡Qué cesen ya nuestros egoísmos absurdos...;

Aboga además Alvariño por la unión cubana, por el camino en que todos podamos contribuir a un futuro digno para Cuba.

Y viven entre la «mugre roja» sin mancharse. Compréndanlos... Tienen razones poderosas para seguir en Cuba... Igual pasa con muchos amigos y familiares nuestros. Se quedaron, pero están en ideales y espíritu con nosotros, los que pensamos en Cuba libre y cristiana. En la Cuba que reía y amaba; en la isla amiga y cordial... En nuestra Cuba de ayer que, gracias a Cristo, volverá a reír.

Tanto su talento de artista, su creador, como su misión humanista, cristiana y patriótica determinan en Alvariño un discurso de razón cercana. Una gran razón cuando se engendra sobre la base de necesidades e intereses auténticos para con la patria cubana. El hombre indisolublemente unido a Dios y comprometido con los destinos de su pueblo, creando anticipaciones fecundas que marquen posibilidades de ascensión y elevación de un pueblo. Aboga por el trabajo a favor de las libertades en Cuba, por el triunfo que en sí mismo sea rescate, reafirmación de lo propio, y expresión limpia de la identidad nacional cubana.

Y haz que sea esta la de amarnos más que nunca, unidos en el mismo dolor de ver nuestra patria pisoteada y enfangada por la Mugre Roja.

Pero no nos consternemos... Esa prisión es temporal y «la función debe seguir». Muy pronto estarán respirando el aire de LIBERTAD de una CUBA NUEVA, que ellos ayudaron a conquistar.

Podrán meterlos entre rejas... pero nunca conquistarán su espíritu.

En Alvariño, el artista no es en él hombre distinto del cristiano y el patriota. El arte y la defensa de Cuba fue en Alvariño ejercicio de humanidad. Su prosa son los ríos de una energía bienhechora. Su pensamiento es siempre un intento de exaltar las bendiciones de Dios, el Arte y Cuba.

Temática: Jesús Alvariño. Artista y hermano

Esta temática compuesta de 11 artículos es la más variada del conjunto, dejando muestras del Alvariño artista, hombre siempre dispuesto a crear, a ayudar al hermano, y también un recordador de la Cuba de Ayer, de los grandes artistas cubanos, de la tradición artística que elevó a Cuba a las resonancias de la cultura universal.

El primer artículo: ¿*Les comento un libro?*, es una «cartilla» de educación. El artículo comenta el libro «El hombre mediocre» de José Ingenieros.

Es innegable que «El hombre mediocre» de Ingenieros, forjó magníficos hombres con su brillante prédica moral. Y todavía sigue proyectándose noblemente en las generaciones actuales.

Se habla en el artículo de los ideales, la evolución humana, los idealistas y mediocres. Los nuevos estados de equilibrio entre el pasado y el porvenir y los ideales, y cómo influyen sobre la conducta y cómo son el instrumento natural de todo progreso humano. También en el artículo Alvariño expone reflexiones de José Ingenieros en cuanto a las ilusiones que dice que «tienen tanto valor para dirigir la conducta, como las verdades más exactas; puede tener más que ella, si son intensamente pensadas o sutiles». Habla este artículo de la libertad, del progreso y la experiencia y su vínculo con la imaginación.

En *Competencia* —segundo artículo de la temática— Alvariño despliega algunas vivencias del pasado referidas a su época de actor y director de algunos programas en las dos emisoras más importantes de aquel momento:

Cuando yo dirigía hace tiempo una estación de radio de gran popularidad en Cuba, teníamos un programa, a la misma hora, en las dos radioemisoras más escuchadas de aquella época: C.M.Q. y Cadena Azul. Dada la casualidad que ambos programas tenían un mismo patrocinador.

Y como los patrocinadores ejercían una férrea competencia:

Bueno, el caso es que decir competidores era mencionar a los enemigos: alemanes contra americanos, «Montescos y Capuletos», policías y ladrones, en fin, trincheras distintas. Tal es así que los anunciantes, principalmente «jaboneros» y «cigarreros», elegían su emisora y si uno se anunciaba en C.M.Q. el otro debía ir a R.H.C.

Para al final revelar cómo él fue capaz de mediar entre los patrocinadores e iniciar así una nueva etapa en la publicidad radial. Este artículo representa una de las tantas acciones de Alvariño a favor del desarrollo de la radio en Cuba.

Cierta vez que puse de acuerdo con el patrocinador y le informé que iba a hacer en el programa una mención del competidor que estaba «enfrente». Al anunciante le pareció buena la idea y así lo hicimos (…) se rompió el hielo y la «competencia» pasó a ser eso, «competencia», y no enemistad; superación y sano desafío de mejores programas y mejores artistas en el cual todos salieron ganando.

En el tercer artículo: *Cástor Vispo*, Alvariño homenajea al insigne escritor y humorista español a raíz de su fallecimiento.

Cástor Vispo fue uno de los más escuchados autores radiales. Su creación de «La Tremenda Corte» aún se transmite en toda la América Hispana.

El «Gallego» Vispo creó la Tremenda Corte especialmente para Leopoldo Fernández; de Vispo es el nombre «Trespatines». Con «Chepo» trabajaba el graciosísimo Adolfo Otero; Luis Echegoyen hizo su debut radial en ese programa y de ahí nació el personaje de Pedro Wachtz Palanganovitch, creado por Vispo para radio y que al advenimiento de la televisión lo escribió para ese medio, el autor Antonio Suárez Santos.

Otros espectáculos de radio que tuvieron magnífica audiencia también originales de Cástor Vispo fueron: El Policía «Tiburcio Santamaría» de la Novena Estación y el detective gallego «Rudy Rod» que protagonizaba Adolfo Otero y yo dirigía.

A lo largo del artículo Alvariño describe el impresionante paso de Vispo por la prensa y la radio cubana convirtiéndose en uno de sus puntales, por la dedicación, trabajo y el talento que desplegó en aquella época:

¡Adiós, gallego! Cuba entera y América Hispana te recordarán como el autor del espectáculo más gracioso de todos los tiempos: «La Tremenda Corte».

En el cuarto y décimo artículos (*¿Usted es Machito...?* y *Quisqueya: Tamakún, te abraza*) Alvariño nos deja vivencias que son la expresión del inmenso cariño que el pueblo cubano le profesaba, y también a Normita Suárez, y están escritas desde la sencillez, sin pretensiones de «auto alabo», pavoneo, alarde u ostentación. Son vivencias y expresiones mínimas del extraordinario puente de comunicación y simpatía que extendió el actor con el pueblo cubano. Son vivencias de ese cariño cubano, pero vividas fuera de Cuba, circunstancias estas que aumentan el espíritu y la manera en que el Alvariño es capaz de asimilar y recordar estos hechos. El hombre, concebido como presencia, aspiración y síntesis de la cultura que encuentra modos de realización en el arte, y se integra a su quehacer social.

Acabo de llegar de Santo Domingo... (...) Fui a Santo Domingo a gestionar mi residencia americana. Y me llevé de ese pueblo... cuatro siglos de historia y una eternidad de amor.

Mi primer contacto humano fue en el Aeropuerto. Al llegar, mi esposa y yo, el Inspector Tejeda, (recuerdo su nombre) leyó en mi pasaporte y he aquí el diálogo...

—*Alvariño... Jesús ¿Jesús Alvariño? ¿Usted no es Tamakún?*

—*En efecto yo...*

No me dejó terminar. Su sonrisa blanca y amplia me dio la bienvenida a Santo Domingo.

Otros de los artículos donde Alvariño evoca la Cuba de Ayer, es: *Roberto Cabanelas:*

Mi amigo Roberto era una verdadera estrella en el arte gastronómico... era el dueño del restaurant «La Roca», que estaba en la esquina de C.M.Q. y el que yo vi construir...

Este artículo está impregnado de un ejemplo de amistad, colaboración, libertad, y deseos e impulsos para que la creatividad fuese un verdadero testimonio del arte a favor de la sociedad. Experiencias de la vida. Cabanelas fue un amigo ejemplar, como también lo fueron sus hermanos que acogieron a Alvariño a su llegada a Puerto Rico. Estampa de la Cuba de Ayer.

Por los años 56 ó 57 yo estaba produciendo dos películas en Cuba con México (...) Tenía como sesenta artistas en locación y había que darle de comer a todos (...) Fui a ver al «Gordo»: «Chico, tengo que darle a sesenta artistas almuerzo (...) se me ha ocurrido filmar las escenas que tengo de restaurant aquí... Yo firmaré la entrada de tu restaurant, con el letrero de «La Roca» y todo (...) Respondiéndome el Gordo Cabanelas: «Mira, menos sábados y domingos «La Roca» es tuya, después de las doce, fil-

ma aquí (…)» Ese era Roberto Cabanelas: Generoso, sonriente, cordial, artista, pero sobre todas las cosas… su mejor título: ¡un gran amigo!

El artículo: *A los que se fueron (31 de Diciembre de 1967)* es un homenaje a todos los amigos de ayer, a sus compañeros de trabajo, gente que vivió a su lado, en la fraternidad, en el amor a Cristo, a los que murieron, a los que sufrían en Cuba. Entre ellos resalta este recuerdo:

Se me ocurre pensar hoy en el «gallego» Otero, trabajó mucho a nuestro lado. Y hablo de él porque ustedes lo conocen o por lo menos lo han escuchado: es el «Rudesindo» de La Tremenda Corte. El gracioso español que aún después de muerto sigue haciendo reír a través de las grabaciones de ese espectáculo que se transmite en distintos lugares de habla hispana con el mismo éxito.

En el artículo: *Mi palabra que no he muerto (Grabado para transmitir a Cuba)*, podemos percibir la energía y el patriotismo de Alvariño frente a las falsas noticias sobre su muerte que hizo difundir el gobierno cubano. Aquí la palabra es punzante, recia e intensa.

La CMQ ROJA dio la noticia de mi fallecimiento. En la Prensa cubana apareció una esquela con mi nombre…. y, familiares míos preguntan por mi súbito deceso… Ese es el motivo de mis palabras a los amigos de Cuba. Es realmente una oportunidad magnífica que me brindan los comunistas, especialistas en difundir falsos rumores, para hablarle a mi pueblo y dirigirme a mis amigos que ayer escuchaban…

El artículo *Cultura* es sin duda revelador. Hay múltiples coincidencias en su discurso que nos hacen pensar que el artículo es una interiorización de Alvariño, una muestra de su vocación por el aprendizaje, sus lecturas continuas, depuradas, su trato con la palabra como mismo fue su trato con la escena. Al protagonista de la historia Alvariño lo hace llamar Homero Pérez. Y desde él ofrece un camino de esfuerzo, de perseverancia en busca del conocimiento; pero no un conocimiento como quien trata de acaudalar, para presumir, para enaltecerse de lo acopiado, sino el conocimiento para ser transmitido, para la oralidad y para la escritura. El conocimiento como símbolo del contenido humano, la capacidad artística, la fe en Dios, la belleza y la dignidad. ¿Fue además un soñador Alvariño? Pues sí, un gran soñador. El actor orgánico soñó mucho, dio riendas sueltas a su imaginación creadora y vio realizado el milagro artístico... Con sencillez expresiva, grande de fe cristina, supo acopiar el conocimiento, el vértigo de vida cincelando a voces y gestos la sensibilidad humana, el alma popular cubana. Lector asiduo para tomar el goce estético, rumiarlo, y después regalarlo. *Homero Pérez quería ser culto, leía, se atragantaba de libros. Se aprendía poesías, largas, larguísimas. Se compró un diccionario de frases célebres. (...) Y ya los intelectualoides lo admitían en su círculo. (...) Cuando Homero hablaba callaban todos. Lo escuchaban con unción religiosa (...) ¡Homero quería ser culto! Y lo había logrado (...) Un día homero enfermó y se puso grave (...) Homero se quedó solo (...) Se nos fue Homero; modelo de autodidacta. Ejemplo de hombre esforzado.*

Hemos dejado para el final el artículo *Esas manos cubanas que tanto te aplaudieron... (Carta abierta al artista cubano en el exilio)*, a modo de homenaje, a modo de recordación para el propio Jesús Alvariño, genio y figura y pionero de los amaneceres radiales en Cuba, a su legado que es una fuente creadora y ejemplo de cómo el alma talentosa en Dios se torna embajadora de las obras bellas.

Tu público, las manos cubanas que tanto te aplaudieron, se tuercen ahora en gesto de súplica, elevando un ruego a Dios. Otras, se aprietan impotentes, en sordo grito de protesta... Muchas yacen yertas y frías, porque no pudieron resistir tanto dolor. Esas manos cubanas que tanto te aplaudieron, se alargan hacia ti, artista amigo.

Jesús Alvariño y la Palabra
Resumen

Terminamos la última temática enfatizando la labor autodidacta de Alvariño, su disciplina y amplitud en la lectura. Y atendiendo a esto queríamos comenzar este resumen haciendo referencia a la cantidad de escritores y autores que Alvariño menciona en sus artículos, y no sólo su mención, sino las veces en que inserta fragmentos y temas del autor. En los años 60 era muy difícil acceder a estas obras sino había por parte del interesado un afán de superación, de necesidad de conocimiento, para la búsqueda y depuración de esos textos. Alvariño menciona y muestra lentes de sus obras a: *F. La Rochefoucauld; José Martí; Calderón de la Barca; La Bruyère; Víctor Hugo; T. Carlyle; José Ingenieros; Vigny; Rabindranath Tagore y T. Moore, entre otros...*

Nos hemos aproximado a su discurso de un modo que permita acercarse a su real dimensión histórica dentro de la cultura cubana, y al interior de Jesús Alvariño como cristiano, hombre y cubano.

La palabra no es que más que un signo, una combinación de signos. Sin embargo, lo contiene todo. Es más, es todo lo que tiene el hombre: la palabra. Por la virtud de ella es que el hombre ha llegado a ser hombre. En Alvariño, más que un conjunto de reglas y oficios, es una armonía expositiva, un ansia de comunicar, una sinceridad que se torna tinta, labor del escribano popular. La descripción de su prosa es colorida, y su verbo directo, franco, proponiéndose llegar al mayor público posible —indudablemente le impulsaba su alma cristiana—, y acercar su voz a aquellos desfavorecidos, necesitados de espíritu, de camino...

La potencialidad de la palabra de Alvariño está dada por la utilización del lenguaje del pueblo, del hombre común, transmitiendo un mensaje confortable, colmado de humanidad. Su discurso discurre entre la fe cristiana y lo singular propio, lo autóctono y lo foráneo, es decir, Cuba, con sus emociones, su historia, su cultura, y sobre todo los elementos integradores de la identidad nacional, que fueron truncados a partir de 1959 en la isla.

Por venir de su aliento, su palabra —tanto oral como escrita— nació con piernas incansables. Y aquí nos referimos a su palabra oral recordando las conversaciones que he tenido con su hija Luly Alvariño, donde ella siempre alude a la capacidad oral de su padre, a su energía, chispa, humor, frases eficaces, relámpagos del vocablo. La concepción musical de Alvariño, -el ritmo y la música de la palabra- es un reflejo de sus artículos.

Hay una anécdota —contada por el mismo Alvariño— que muestra este fino oído que poseía: *Ahora me acuerdo —cuenta Alvariño— que al final de un programa radial nos identificábamos los locutores. Yo, como Jesús Alvariño, Rosendo, como Rosendo Hernández; y un día le dije: «no me gusta Rosendo Hernández». Le bauticé Rosendo Rosell… ¡y hasta hoy!*

Esta esplendida oralidad de Alvariño tiene mucho del Alvariño humorista, de su talento artístico, de sus capacidades para el chiste, donde la frase tiene que ser vigorosa, chispa, ironía, dentro de una mínima utilización de la palabra en cuanto a extensión se refiere…

Refiriéndose a las «técnicas» para hallar un buen chiste Alvariño opinaba:

Llega a ser una pesadilla. Estudias la forma de darle al público algo distinto, a veces surge el chiste solo; te lo dice el mozo del café, te lo provocan en la guagua llena, lo salta sobre tu ventana el vendedor de periódicos. ¿Qué escribir, para un pueblo que tiene el gracejo a flor de piel, la risa pronta, el silbido rápido? Hay dos tipos de chiste: el de la frase chispeante y ágil, el de la solución rápida y hay el chiste de situación; al principio el público está helado, uno suda frío, te sientes deprimido y te lanzas como un nadador a una piscina sin saber si tocas fondo. Luego te encariñas con la situación y la sigues, ya no te importa el público, porque ya no eres actor, eres el personaje, el público lo siente y se une a ti; al final la carcajada resuena unánime... has ganado la batalla, pero tienes los nervios rotos.

Ocurre que en Jesús Alvariño las imágenes no andan errantes, difíciles, limitadas, sino sustancia desparramada en la realidad cotidiana que nos conforma. Sus imágenes se ordenan, son visibles y directas, ajustadas a la sensación anímica del tema que trata. Sus imágenes giran dentro de un todo íntegro para un placer estético que nos enriquece el alma. En el orden formal su palabra es bálsamo. El valor de su palabra escrita tiene la cadencia de las ideas bellas, honradas, que van con energía en el ritmo verbal para conquistar al lector, y sobre todo, aconsejarlo, avivarle el espíritu...

Quede la palabra de Jesús Alvariño como ejemplo de vida al servicio de la cultura y de su país. Deben permanecer en la historia de la cultura cubana sus contribuciones, sus años de dedicación y su trabajo.

En estos artículos queda toda su palabra gozosa de humanidad, viva, reciente...

Artículos de Jesús Alvariño

Humanidad, Moral y Convivencia

Nota: En todos los casos se respetan las Mayúsculas del autor.

Amistad

Amistad es… dar todo, sin esperar nada. Amigo es el que sirve sin querer que lo sirvan.

Desafortunadamente hay personas que confunden los términos o se equivocan al pretender hacer de la amistad un negocio. Es amigo el que está siempre listo a la ayuda de su prójimo, pero eso no implica que ese «prójimo» deba servirlo… Muchas veces se sirve, pero solamente por el mero interés de que lo sirvan a uno. Y así no SIRVE para nada el que sirve. ¿Está claro? Bueno, cacofónico pero contundente.

Nosotros tenemos, o mejor, tuvimos un conocido que todo su interés era hacer favores, pero eso sí, siempre esperaba que se los hicieran a él.

Cuando alguien le fallaba decía: «Es un mal agradecido; tantos favores y ahora que le pido uno me falla. ¡Más nunca le haré un servicio!».

¡Pobrecito!… ese cobraba los favores.

En cambio conocimos otro que nunca fallaba, le pagaran o no sus favores. Ese, cada vez que alguien le llamaba contestaba: ¿En qué te puedo servir? Y hacía de esa frase un medio de vida. Al decirla sentía lo que preguntaba. Y en efecto SERVÍA a todos por igual. Un favor, una gestión, una influencia, en el momento oportuno. Siempre funcionaba este amigo. Y nunca esperaba nada a cambio. Y ¿se dan cuenta ustedes lo poco que abundan estas gentes? Y cuando aparece un «patriota» de estos, casi siempre espera algo a cambio. Y es usual oír:

—Oye, dice Fulano que si le puedes hacer el favor de tal, tal y tal. Que te acuerdes que él te sirvió cuando le pediste aquel favor «más cual».

—Pues yo, figúrate, quisiera poder complacerlo pero me va a ser imposible, porque…

—Bueno, me dijo que no podías fallarle porque él te sirvió cuando tú lo necesitaste.

Ahí está el favor *cobrado*. He aquí el favor político.

Por eso insistimos en el favor de amistad… en el que no se cobra porque quien lo hace es sincero al hacerlo. Es el que practica un deber cristiano de pensar en «el otro», no importa quién sea, si pudiente o humilde; si conocido o no. Sencillamente es alguien que necesita de otro y ese «otro» sirve, a veces sin saber ni a quién le hace el favor.

Amigo: el que da y no espera.

Amistad: querer al otro como a sí mismo.

Una de las satisfacciones de esta vida es una amistad limpia, pura y sin dobleces.

Ahora sobre la amistad se ha opinado mucho, por ejemplo: F. La Rochefoucauld, en sus *Máximas*, dijo: «Lo que los hombres han dado en llamar amistad, no es más que una sociedad de mutuos intereses y un intercambio de servicios: en fin, no es más que un comercio en que el amor propio se propone siempre alguna ganancia».

¡Anda p`al Colegio! Como diría Don Canuto. Este La Roche… ¡nos la puso en China!

Yo diría que todavía quedan amigos, el problema es encontrarlos, pero cuando se tienen y ambos piensan lo mismo de la amistad, es decir, *haz al otro lo que te gustaría que a ti te hicieran*, nada falla porque ambos tratan de ayudarse sinceramente sin pensar en cobrar los favores. Si tiene usted un amigo, cuídelo, trate de no perderlo, porque, como decía nuestro José Martí:

Tiene el leopardo un abrigo
en su monte seco y pardo
yo, tengo más que el leopardo
porque tengo un buen amigo.

¡Y eso es todo, amigos!

Monterrey. N.L.,
abril 8 de 1968

Envidia

*En los extremos del hado
no hay hombre tan desdichado
que no tenga un envidioso,
ni hay hombre tan venturoso
que no tenga un envidiado.*

Calderón de la Barca

La envidia nace de la mezquindad del carácter de gentes que pudiendo volar como las águilas prefieren rastrear como los pollos. Y decimos que pueden volar como las águilas porque se conoce gentes que tienen virtudes para elevarse por derecho propio, pero viendo el triunfo de otros, a lo mejor como menor capacidad que ellos, en vez de aplaudirlos, desearles suerte, o por lo menos serle indiferente, tratando de superarse a sí mismo, los corroe la envidia, los limita el pensar en el éxito de otro que no pudieron alcanzar ellos.

A veces hay razones de suerte, de oportunidades, de circunstancias que sitúan a una persona en posiciones sumamente ventajosas, envidiables, dirían muchos. Entonces el enano mental desea esas posiciones, se preguntan por qué no las tienen ellos, en vez del otro. Se van comiendo por dentro y no desaprovechan la oportunidad para desacreditarlo. Todo eso es producto de la envidia. Dice una popular frase: «Al que Dios se lo dio, San Pedro se lo bendiga».

Lo malo es que esa frase se pronuncia bajo el disfraz de la envidia. No es sincera. Nada mejor que superarse uno mismo dejando que otros sigan su camino. Si este camino es triunfal, deseémosle suerte, no envidia, que en vez de nutrirnos, nos aniquila. Como decía La Bruyère: «El hombre que se lamenta de la infelicidad podrá cuando menos, participar de la dicha de sus amigos y allegados; la envidia le priva de esa oportunidad».

Y así es. Les falta la alegría porque le sobra la envidia. Y como dice un gran pensador: «La envidia es una pasión tímida y vergonzosa que nadie se atreve a confesar».

Los pobres que envidian se desnutren espiritualmente. Les es difícil superarse porque piensan siempre en que pueden ser lo que el otro es. Miguel de Cervantes escribió en el Quijote:

«Oh, envidia raíz de infinitos males y carcoma de las virtudes. Todos los vicios, Sancho, traen un no sé qué de deleite consigo; pero el de la envidia no tal, sino disgustos, rencores y rabia».

Y hubo alguien que siento no recordar, que cuando le decían, murmurándole de otros:

—Fíjese, Don Macuto, que dicen de usted que es tal… y tal… y tal.

Contestándole el señor, seguro de sí mismo, irguiendo su cabeza y con mirada altiva:

—Ya sé, hijo… ya sé… pero nada de eso importa, nosotros seguimos nuestro camino.

—Pero, ¿no le afecta lo que digan de usted, entonces?

—Claro que no, hijo mío. Me complace. ¿Sabes por qué?

—No, ¿por qué?

—Sencillo: si ladran los perros, señal de que cabalgas.

La sinceridad

Una de las cualidades humanas que más valor tiene entre las condiciones de un hombre es precisamente la sinceridad. ¡Y qué difícil es encontrar esta virtud entre los hombres!

Por razones de negocios, por causas políticas o por lo que en religión se le llama «respetos humanos», el hombre de hoy va perdiendo su sinceridad. Se va haciendo falso, se torna levemente hipócrita, y por esas razones no se manifiesta como es o no dice lo que en realidad piensa. Su franqueza se torna anémica. Por lo tanto sus relaciones humanas son falsas.

Tenemos necesidad de estimular nuestra sinceridad; de manifestarnos tal cual somos. Un «¡sí, señor; cómo no!» falso, vale muchísimo menos que un «fíjese que no puedo» sincero. Un «con mucho gusto» hipócrita, no sirve para nada ante un «cuánto lo siento» sincero.

Y día a día en nuestras relaciones de negocios o entre nuestras amistades nos vamos volviendo «insinceros» y eso alimenta la hipocresía que es lo más triste del caso.

Recuerden ustedes las frases famosas del Evangelio: «¡Ay de vosotros, escribas y fariseos hipócritas! ¡Sepulcros blanqueados, hermosos por fuera y llenos por dentro de huesos de muertos; y de toda clase de inmundicias!».

Sobre los hipócritas se ha escrito mucho; por ejemplo. T. Moore dijo de ellos: «Los hipócritas, como las manecillas de las encrucijadas, señalan el camino que ellos no siguen».

Y Víctor Hugo, en *Los trabajadores del Mar* acuñó una frase como esta: «El hipócrita es un hermafrodita espantoso del mal».

También de esto habló T. Carlyle en *The French Revolution* diciendo: «Mientras la hipocresía exista, ninguna otra persona puede comenzar».

Y todo hombre que no es sincero, por fuerza se va convirtiendo en un hipócrita: «hermafrodita espantoso del mal».

Sinceridad absoluta. ¡Franqueza total! Ser sinceros, aunque nos cueste. Esto hará mejores hombres. Robustecerá la amistad. Dignificará a los humanos.

Tengamos siempre presente el incalculable valor de un «cuanto lo siento» dicho con sinceridad y la negativa estampa de un «con mucho gusto» entre halagadora sonrisa, pero tan falso como suena a latón.

En el trabajo, en las amistades, en la sociedad, en nuestra vida diaria, cultivemos uno de los mejores atributos del hombre honesto: La sinceridad.

¡No tengo tiempo!

Es la frase más absurda que hay. Si dijo alguien, no sé quién: «Hay más tiempo que vida», ¿cómo se nos ocurre decirle a alguien «no tengo tiempo»? Pero, señores, si el tiempo es nuestro. Si no podemos ser esclavos del reloj, sino por el contrario, es el reloj quien nos sirve a nosotros. Al decir «no tengo tiempo» estamos pecando de mediocres. Sí tienes tiempo, lo que no sabe es administrarlo, pero el tiempo es lo que te sobra. El «no tengo tiempo» es la excusa más pobre que hay, y lo triste es que todos la usamos por igual. «Fíjate que quisiera ir, pero me falta tiempo». Será que no sabes disponer de todo el tiempo que tienes, que repetimos, es más largo que tu vida misma.

«¡No tengo tiempo!», pues creemos nosotros que no te has educado para usar el tiempo, porque es positivo que tenemos tiempo. Lo que nos sucede es que la mayoría de las veces no tenemos pretextos para disculparnos y apelamos a la consabida frase «no tengo tiempo».

Conozco una persona que administra su tiempo magistralmente. Si tiene una entrevista y a continuación una cita hecha previamente, a la hora en punto le dice a la persona que atiende, levantándose muy ceremonioso: «y ahora con su permiso, porque tengo una cita inmediata». El dialogante, se da cuenta y, aunque éste sea una importante persona, da por terminada su cita. En principio parece un poco brusca su actitud, pero terminan por conocerlo y se toman el tiempo justo para entrevistarse con él, terminando por respetar a este señor que sí tiene su tiempo disponible para lo que él quiera, no más que bien administrado. No use nunca la disculpa de «no tengo tiempo». No todos le creerán y dicho en verdad está admitiendo con eso que el tiempo «es su dueño», en vez de usted «ser dueño» de su tiempo.

Claro que tenemos tiempo para todo, lo que hay que ver a qué le dedicamos ese tiempo. Si lo empleamos bien, nos alcanza el tiempo para lo que nosotros queramos. Que quiere usted racionarlo, bien. Si no dispone de tiempo para determinadas cosas, o mejor dicho no quiere dedicar su tiempo a ciertas cosas, pues dígale a la persona: «Te avisaré cuando disponga de tiempo», pero jamás le espete el «no tengo tiempo», porque usted si lo tiene. Todo el tiempo del mundo. Lo único es que debe administrar su tiempo, pero manejarlo usted mismo. No permitir que el tiempo lo maneje a usted. No sea esclavo del relojito que lleva en la muñeca, haga que ese relojito sea su instrumento, no su dueño. Y fíjese mucho antes de decir «no tengo tiempo», porque hay más tiempo que vida, acuérdese, es el tiempo, repito, quien está a su servicio y no usted esclavo de ese pobre tiempo que vivimos. Y termino porque no tengo ti...., digo, ya dispuse de mi tiempo para escribirle estas líneas a usted que entes creía que no tenía tiempo de leerlas, y sí lo tiene. Si le faltan ganas ya es otra cosa. Es todo.

No dejes que otros hagan...

... lo que puedes hacer tú. Fíjense que por regla general, aunque, sin quererlo, caemos en esto. Es decir, dejamos que otra persona haga por nosotros lo que podemos hacer mejor que ellos. ¿Flojera? ¿Falta de empeño? ¿Dejadez? Pues, ¡sabe Dios!, pero la mayoría de las veces, un tercero interviene en lo que nosotros podemos hacer mejor, y, positivamente, nos fracasa el intento porque indudablemente si la gestión hubiera sido hecha por uno mismo los resultados serán diferentes.

Cierta vez, allá por noviembre del año de 1960, me ofrecieron un importante cargo en un canal de televisión de Caracas, Venezuela. En estos momentos yo cumplía un contrato en Puerto Rico. A fin de evitarme las molestias de una carta, o llamada telefónica directa, encomendé a cierta persona que les informara que no podía ir a discutir esa proposición de momento, pero me interesaba mucho llevarla a cabo, y aceptar el puesto que me ofrecían y podría ir en determinada fecha. Quien iba a transmitir el recado —siempre un tercero— viajaba a Caracas. Aprovechando eso le di el mensaje. El mensajero no regresó. Se brindo a ocupar el cargo que a mí me ofrecían. El valerme de otra persona para que hiciera lo que yo podía hacer por mí mismo, le dio una magnífica oportunidad al que llevaba el mensaje.

En una conversación con el señor Carlos De Negri, éste comentó que el problema radicaba en que casi siempre «fallaban *los segundos*». Y estaba en lo cierto el periodista.

Los «segundos» no siempre son todo lo idóneos que esperamos. Además, no nos es posible proyectar nuestros deseos como solamente *nosotros mismos* podemos hacerlo.

Síntesis: no deje que otro haga por usted lo que solamente puede hacer usted por sí mismo. Nuestros deseos llegan más puros, más claros, mucho más sinceros, a través nuestro, que utilizando a un «segundo». ¿A usted no le ha pasado? Es todo.

Auxilio!... Help!... Au Secour!

En cualquier idioma… En distintos lugares… En diferentes situaciones de peligro; cuando hay un accidente o se necesitan auxilios médicos: Un automóvil que se desvió y fue a chocar contra un árbol, poniendo en peligro las vidas de sus ocupantes… Una explosión que se produjo inesperada… Un terrible incendio… Un derrumbe. Hay cientos de accidentes a diario en el mundo entero. Temblores. Siniestros. Huracanes. En todos y cada uno de ellos hay una institución que está siempre alerta, dispuesta a servir; presta a la ayuda; lista para el auxilio inmediato: La Cruz Roja.

Las sirenas de sus ambulancias nos previenen y avisan en un «abran paso» inminente; un «¡cuidado que ahí vamos!», de emergencia… Pero dicen algo más esas sirenas… Nos dicen: «Somos gentes que auxiliamos», «estamos siempre dispuestas a servir», «somos los que ayudan». Los autos se hacen a un lado y el tránsito se paraliza. Los semáforos les dan luz verde. Y nosotros decimos: «Sigan… Y ¡qué Dios los ayude a ayudar!».

Esas esforzadas y heroicas gentes merecen nuestro respeto y total consideración porque son los que sirven. Porque los vemos de lejos cuando no es para nosotros el auxilio, pero ¡qué grandes esperanzas se abren a los que van a auxiliar! ¡Qué enorme tranquilidad brindan a los familiares del accidentado!

Con qué ansias se esperan esas sirenas, porque ellas llevan un positivo aliento de gentes que sirven.

Ahí corren los primeros auxilios que van a salvar vidas de extraños que para ellos no lo son. Para los ambulantes son hermanos, a los que hay que servir y llevarles el socorro oportuno para salvar sus vidas.

A esas gentes debemos ayudarlas porque mañana ellos nos ayudarán a nosotros… aunque sea por santo egoísmo.

Evitemos ser como los dos «codos» del cuento Pancho y Pepe… Eran dos socios muy «ahorrativos» y sin el mínimo espíritu de caridad. Cuentan que cierta vez hubo un derrumbe de unas minas y Pancho y Pepe quedaron sepultados, aunque con vida aún, en esa catástrofe. En la mayor desesperación estaban esperando su rescate cuando escucharon arriba en la superficie una sirena que callaba de pronto. Oían voces que venían de arriba, a flor de tierra. Hicieron ellos un silencio, desesperados, y oyeron que les preguntaban:

—¿Todavía están bien?

—Sí, claro… —dijo Pancho, el más «codo».

—Esperen sólo un momento. Vamos abajo.

—¿Quiénes son ustedes? —preguntó Pepe.

—De la Cruz Roja.

—Ah, no; ya dimos el año pasado —gritaron los «ahorrativos» socios al unísono.

Pepe estornudó después y un alud de tierra los dejó sepultados para siempre. Sobre ese lugar quedó un epitafio:

«Aquí yacen Pancho y Pepe
los que dieron el año pasado»
La Cruz Roja no pudo ayudarlos.

Ayer, hoy y siempre debemos ayudar a quienes nos ayudan. Considerar a esos heroicos hombres, a las abnegadas monjitas, a los cariñosos médicos, a las eficientes enfermeras, a los valientes y arrojados ambulantes que sirven, sirviendo y, aunque sea por puro egoísmo, y para que no nos pase lo de Pancho y Pepe, contribuir generosamente con la *Cruz Roja*, gentes que ayudan, ayudando, por eso ayudémosla a ayudar. Sea dadivoso, que es para usted mismo. ¿No oyen las sirenas de esperanzas? Están gritando: «¡No nos dejen morir, queremos seguir sirviendo». Piensa, sin tu ayuda, puede perecer. ¡Piensa!

Las barberías cubanas en Miami

No importa que aquí se llamen hair*stylist, unisex o barber shop*, mientras el barbero sea cubano, usted tendrá en su barbería el cafecito y el periódico del día para que vea qué *team* de pelota juega. Allí verá el «sapo» que no va a pelarse, pero le «apunta» su numerito, para ver si usted liga «el parlé».

En su barbería se va a encontrar con Cheo Calandraca, con Mingo Pestana, con el Dr. Daussá, etc.

Mi barbero se llama Delvis Fernández; el otro se llama Henry Casabó… los dos son gente A-1. A Henry yo lo llamo «el de las uñas de oro»… aunque debía decirle «garfios de acero»… Henry me revienta ¡cada lavado de cabeza olímpico!

Pero, hablemos de las barberías cubanas y no de mi barbería.

Yo le escribía que nuestros barberos cubanos tienen verdadero sabor a Cuba y cuando vamos a pelarnos, se pasa muy bien con ellos… Se las saben todas… Los cuentos de Barbería son únicos. Ahora recuerdo que hay otro barbero que estaba con Delvis antes al que le llamaban *El Sargento*, porque fue «casquito». Allá no resistió el castrismo y «echó una llanta» de Cuba… Tiene ahora su barbería propia. En este Miami, el barbero cubano no ha perdido su sabor, sabor a Habana, sabor a campo, sabor a ambiente criollo…

Cuentan de una barbería de Hialeah lo siguiente:

Un señor de la vecindad fue a pelarse para irse de vacaciones y se sentó en el sillón. El barbero era muy parlanchín… hablaba hasta por los codos y aquí empieza la trama, que inicia el barbero:

—Así, que te vas de vacaciones.

—Sí, pedí un loan y me voy en un tour a visitar a España.

—¿Y en qué te vas?

—Voy por avión…

Interrumpió el barbero:

—¿Por avión? Uf... ¡Se caen todos!

El tipo se erizó...

—Bueno, pero...

Volvió a interrumpir el fígaro...

—Dijiste que ibas...

—Primero a Madrid.

—¡Qué horror! Madrid tiene unas «gallegas» muy feas y los españoles son muy zoquetes... ¿De ahí a dónde vas?

—Pues de ahí iré a París...

—Muchacho, en París hay una «mano» de homosexuales que...

—Bueno, iré a Italia también... visitaré Venecia con sus canales...

—¿Los canales venecianos? ¡Tienen una peste espantosa!

—Esto... visitaré el Vaticano.

—¿El Vaticano? Bueno, ahí está el Papa, sale a pasear en andas cargado por cinco o seis curas y... ni te mira.

Hasta que el barbero de Hialeah terminó de pelar al señor, que pagó y se fue «erizado» a sus vacaciones.

Pasó un mes y al cabo de ese tiempo, nuestro hombre, otra vez «peludo» fue a tirarse un recorte. Se sentó en su sillón y...

—¿Qué tal las vacaciones?, le preguntó el barbero.

—Chico... de lo mejor, gracias a Dios. Fui en un avión de la Eastern, y déjame decirte, no se cayó... fui de lo más seguro. Un servicio inmejorable... las azafatas muy corteses... el piloto era un tiro... Ni un solo bache y el aterrizaje ni lo sentí. Estos aviones de la Eastern son fantásticos.

—Ah, ¿sí?

—Llegamos a Madrid y las españolas lindísimas, son unas mujeres preciosas. De ahí estuve en Paris cinco días… Los franceses son unos caballeros y no me tropecé con ningún afeminado.

—Sí, claro…

—Estuve en Italia… pasé por los canales venecianos. Un olor a flores riquísimo… el agua limpia y clara…

—Sí, claro…

—No, claro… Por cierto vi a su Santidad el Papa… Iba en andas y al pasar cerca de mí le grité: «¡Papa… Santidad, adiós, yo soy de Hialeah!». Su santidad hizo que se detuvieran frente a mí y muy cariñoso me dijo «Bienvenido, hijo. Inclina tu cabeza que te daré mi bendición». Y así lo hice… me arrodillé… bajé la cabeza y el Papa levanto la mano para bendecirme, pero hizo una pausa y me dijo: «hijo, ¿quién fue el barbero tan malo que te hizo ese «pelao» de «apéame uno»…»?

El barbero que quedó mudo… estaba blanco. Terminó de pelarlo y cuando el cliente fue a pagarle le dijo:

—No hombre, no es nada… el pelado hoy va por mí… es la bienvenida de tus vacaciones. ¿Quieres tomar café?

—No, gracias… ¡Dios te bendiga!

Y se fue sonriendo… satisfecho de su «venganza china».

Barberías cubanas de Miami donde se producen cuentos como éste y otros más que son impublicables, con sabor a guarapo, azúcar y café… Café cubano por supuesto… aunque venga de Colombia o Brasil… porque aquí en Miami será siempre cubano. ¡Qué bravos somos!

Jesús y Cristo

Semana Mayor

Hoy Domingo de Ramos es, prácticamente, el comienzo de la Semana Mayor, que terminará el Domingo, Día de Resurrección.

Es curioso observar como esta Semana, desde hace muchísimo tiempo atrás, va perdiendo su significado entre los católicos y si no totalmente, sí se debilita por años la conmemoración de la Pasión y Muerte de Jesucristo, hasta el día que «resucitó de entre los muertos para ascender a los Cielos y permanecer a la diestra de Dios Padre por los siglos de los siglos...».

Se esfuma y palidece el recuerdo de nuestro Señor.

Por lo menos, si se le recuerda, lo hacen las gentes en las playas o vacacionando en el campo; en un rancho, en fin, a excursionar y romper la rutina diaria. Es frecuente oír decir a las gentes: «En Semana Santa, voy al rancho...» «Estaremos en Acapulco la Semana Santa...».

El Señor no sabía que iban a recordar su muerte «pasándola bien».

También ignoraba que cuando se sacrificó por nosotros, pues... «nosotros» no podíamos «sacrificarnos» por Él.

No se pretende con estas líneas estropearle las «vacaciones de Semana Santa» a nadie, pero sí recordarles que es una Semana de recogimiento, de oración y de recordación para aquel pobre carpintero de Nazareth que pensó en los suyos; vino a la tierra y sufrió como nadie por el género humano para redimirnos.

En Acapulco... en el rancho... de excursión... donde quiera que estemos, dediquémosle un solo recuerdo a Jesús de Nazareth y por lo menos que Él sepa que le tenemos presente y que en su memoria entraremos un rato en una iglesia;

asistiremos a algún oficio de esos venerables días y con sincera devoción hagamos un alto para decirle solamente, «te recordamos, Señor, e igual que dijiste desde la Cruz a los que te escarnecían: *Perdónalos, que no saben lo que hacen*, pues decirle hoy al Padre: *Discúlpalos; sí saben lo que hacen, pero... están de vacaciones de Semana Santa*».

Él nos entiende. Sabe perdonar. Dediquémosle por lo menos unos momentos, para agradecerle ese perdón y poder disfrutar, con su venía, de las vacaciones de *Semana Santa*.

Monterrey, N.L.
Domingo de Ramos de 1968

Mundo mejor

Estoy desconcertado... y al mismo tiempo hallando respuestas. Voy sintiendo de cerca el porqué de una pregunta que siempre me quise contestar. ¿Por qué los católicos no conquistamos el mundo?

Está claro. Lo siento en mi carne: quiero ser Capitán de los Ejércitos de Cristo; pero, me faltan tropas. Aún más, y lo que es peor: quiero ser General de las Tropas de Dios... pero, no tengo Estado Mayor.

«Los comunistas no jugamos con las palabras», dijeron los ateos un día. Y tienen razón. Los católicos no solamente jugamos con las palabras, sino que se las damos a otros para que jueguen con ellas. Es terrible. ¿Por qué predicar lo que no practicamos?

¡Fuera los respetos humanos!, decimos... y con «respetos humanos», palabra bonita para disimular la cobardía, imperan en nuestra conciencia y no nos dejan actuar. No los dejan, porque yo hace rato, no sé lo que son «respetos humanos». Y gracias a Dios que me da el privilegio de querer usarme de instrumento de vez en cuando; cuando me olvido de esos «respetos humanos», poniendo como valor prevalente a Cristo en mi vida, siento que mi conducta, moviéndose inspirada por mi Hermano Mayor, y conscientemente intuida por el Espíritu Santo, se proyecta en otros, no importa quienes estos sean, aplastándolos al poderoso impacto de un hombre de Dios, actuando con la tremenda moral que le da la vida en gracia habitual *consciente* y *creciente*.

¿Un mundo mejor? Busco un mundo mejor... y en realidad no debo *buscar* un mundo mejor, sino fabricar, hacer, construir un mundo mejor, que es distinto a buscarlo. ¿Por qué buscar un mundo mejor, en vez de «construir» un mundo mejor? Se busca lo que no se tiene o no se sabe hacer.

No busquemos un mundo mejor porque no vamos a encontrarlo, mientras no ayudemos a construirlo. Es débil la frase. No nos atrevemos a decir: HAGO UN MUNDO MEJOR, valiente y virilmente, con palabras de hombres que se saben capaces de «construir» en Cristo, con Cristo y por Cristo.

Nos preocupamos por el dinero que vamos a perder… no por el que podemos ganar para poder fabricar ese mundo.

¿Hasta qué punto el católico se «despega» de la tierra y sus placeres para elevarse a Cristo y luchar, con su ayuda, que positivamente nos brinda, por construir ese mundo…?

Es que tememos perder en vez de *confiar en ganar*. ¿Por qué entonces «jugar con las palabras»?

Jamás podremos dilatar el Reino de Dios en la tierra, mientras no podamos luchar virilmente, con la valentía de los que se saben elegidos por el Señor.

Él nos escoge y nosotros le fallamos. Él nos señala el camino y nos pide que construyamos un mundo mejor y nosotros nos ponemos a buscarlo, como si fuéramos a encontrarlo a la vuelta de la esquina. No, señores, Cristo no pide eso. Él exige valor, arrojo, desinterés, comprensión, amor. Pero ¿cómo podemos amar si empezamos por no *comprendernos*? Pero ¿cómo podemos amar si hay una muralla en cada uno de nosotros que no podemos romper?

La muralla de la vida cómoda; del dinero que tememos perder, ni siquiera arriesgar, en nombre de Dios.

¿O es que nuestra empresa no nació para mayor Gloria de Dios?

¿Acaso dijeron eso para «jugar con las palabras»…? ¿O estaban convencidos que lo que se crea y funda a mayor gloria de Dios tiene la ayuda absoluta de la Divina Providencia?

Yo he tenido testimonio de que Cristo nos da el ciento por uno… pero hay que poner el UNO. Y esto no es una frase hecha; debe ser una convicción. De lo contrario no luchamos. Primero debemos convencernos que Él nos escoge y cuenta con nosotros... y después entender que Él jamás nos defrauda. Si no pensamos así y sentimos de esa forma, no tenemos derecho a trabajar para Dios porque el Señor no nos quiere *tibios*; a esos los vomita por la boca.

Luchamos juntos. Yo puse todo lo mío. Sin temores... sin medias tintas; con la valentía y riesgo de los que saben que van a ganar, no con la blandura y debilidad de los que temen perder. Con Cristo nunca se pierde. Otra frase con la que no podemos jugar. O se está con Él o contra Él. Pero a la mitad nunca. Él no lo quiere así.

Y si Cristo y nosotros formamos mayoría aplastante, ¿por qué no ir a la pelea en la seguridad de que habremos de conquistar el triunfo?

No busquemos un mundo mejor porque jamás lo encontraremos si nosotros mismos no lo construimos. ¡Tiemble el mundo cuando un católico se arrodilla!

¿Es también otra frase para jugar con ella? Si no es así, pongamos a temblar el mundo con nuestra obra de apostolado mundial, que se nos va a ir de las manos si no sabemos aprovechar el momento.

Porque otros ya lo fabricaron, mal hecho, pero no tuvieron miedo y ahí está: Lleno de medias tintas, flaquezas, «respetos humanos», odios, incomprensiones, egoísmos, vicios, ambiciones desmedidas, etc.

Dijo Rabindranath Tagore, el poeta hindú, al regresar de su viaje por Occidente: «Los católicos como piedras que se sacan del río: mojadas por fuera pero... ¡secas por dentro!». ¡Qué bien nos calificaron entonces!

Abramos los poros de esa piedra —con Cristo todo se puede— y dejemos que nos moje el agua bendita de sus gracias actuales. Salgamos a la lucha por CONSTRUIR un mundo mejor, sabiéndonos hijos de Dios: hermanos de Cristo y templos vivos del Espíritu Santo... y si perdemos, es que no lo hicimos bien nosotros porque Él nos dio los medios.

Nuestro Ejército está débil. Falto de voluntad... temeroso... tibio... cauteloso... y así, ¡no se ganan batallas!

Formemos un buen Ejército que peleará por Dios.

Hay que buscar un General que con sus medios humanos espere siempre los divinos y no le importe perder valores materiales, sabiendo que los invierte en construir un mundo mejor, que a lo mejor él mismo no puede disfrutar.

Es preferible morir peleando que vivir con miedo. Dejemos de «buscar» un mundo mejor... ¡Hagámoslo nosotros mismos! Dios nos ayudará a construirlo si queremos trabajar para Él.

Yo no sé

Yo no sé, Señor, por qué el hombre no acaba de comprender al hombre...

Yo no sé cuál es la razón por la que, teniendo intereses comunes, la salvación de cada uno Allá, y vivir un mundo mejor aquí, cada uno de nosotros nos creemos el centro del universo...

Yo no sé por qué le hago al «otro» lo que no me gustaría me hicieran a mí...

Yo no sé por qué en los «cursillos» vivimos un encierro de tres días en plena fraternidad y nos cuesta tanto vivir «el cuarto día» en igual forma...

Yo no sé por qué nos hacemos de «oídos sordos» cuando el prójimo necesita de nosotros y queremos que «todos nos oigan» cuando somos nosotros quienes necesitamos de los demás.

Yo no sé qué diferencia existe entre el pobre, harapiento y miserable y el rico, bien vestido y feliz, si todos somos iguales: carne y espíritu.

Yo no sé por qué las cosas de este mundo nos importan tanto y nos despreocupamos de lo que va a venir.

Yo no sé cómo nos preocupamos más de la apariencia física que del contenido de su alma.

Yo no sé cuál es la razón por la que las gentes que leen esto —casi todas— entienden nuestras líneas y se olvidan de ellas, al terminar de leerlas.

El explicarme a mí mismo cada uno de estos «yo no sé» es terrible, por eso es preferible que cada uno de ustedes se lo conteste a sí mismo. Habrá quienes «sí lo sepan» y no les parezcan tan horribles las razones.

Yo sí sé porque por ellos rezo.

Monterrey, N.L.,
noviembre 26 de 1968

Un corazón negro

El corazón de un negro de veinticuatro años da vida al cuerpo de un blanco de cincuenta y ocho. Más de cinco mil personas, según reporta el cable, asistieron a los funerales del joven negro que cedió su órgano vital que hace vivir al hombre blanco.

¿Quién dice que somos diferentes?

He aquí un hecho que demuestra a las claras que laten lo mismo ambos corazones, el del negro el del blanco.

Y en este caso, muy significativo, es el *negro* quien hace vivir al blanco. Es que el corazón no distingue colores, no separa razas.

Estamos formados del mismo barro; no importa el color de la piel.

Yo, que soy un tipo providencialista, pienso que Dios ha querido demostrarnos en este caso, que nos hizo a todos *iguales*. Es por eso que debemos sentir el mismo amor por el indio, por el blanco, por el negro, por el chino. Somos todos hermanos.

El negro diría: «ya yo terminé, toma mi corazón; vive tú, blanco, yo voy a Dios, que nos dio vida a ambos, a decirle que he cumplido con sus palabras de amarnos los unos a los otros».

Y más no puede hacer. La gastada frase de «toma mi corazón», se hizo real, y late en un hombre blanco el corazón de un negro.

Simbólico acontecimiento impulsado por el Creador demostrándonos que no hay diferencia en los hombres.

Este negro no pudo hacer acto más bello para dar vida al mandato divino: «Ama a tu prójimo como a ti mismo».

Le entrego su corazón a un blanco.

¿Un corazón negro? No, un corazón que late igual que todos. Un corazón humano.

Resurrección

«... Y al tercer día resucitó entre los muertos; subió a los cielos y está sentado a la diestra de Dios Padre...».

Al conmemorar ese Tercer Día, las campanas repican de alegría. ¡Aleluya!

Así, se repite por los siglos y los siglos el milagro de la Resurrección del Señor. ¿Por qué? ¿Quién no ha pasado sufrimientos, decepciones y dolor? Muchos se ven desesperados; agobiados por la angustia y —humanos al fin— temen que ese sufrimiento, ese calvario, esos dolores no acabarán nunca. Sin embargo, Dios no abandona a sus hijos; siempre hay un Tercer Día. Invariablemente viene la Resurrección y el hombre deja de sufrir, sus penas terminan y vuelve a gozar la Paz que Él nos dejó.

Hay que esperarlo, pero las penas terminan...
Hay que esperarlo, pero el dolor se va...
Hay que esperarlo, pero los sufrimientos acaban...

Igual que Jesucristo sufrió dolores sin nombre y tuvo en su vida inmensas penas —aunque era el Hijo de Dios— nosotros debemos soportar resignados, pero con una fe inquebrantable nuestros humanos dolores. Y además de esa fe, una muy sólida esperanza de que llegará un tercer día que liberará a todos de su «calvario».

A los que sufren y piensan que el mundo terminó para ellos les enviamos este mensaje de esperanza: *siempre hay una resurrección*. Son las conocidas frases que confortan:

no hay mal que dure cien años
ni cuerpo que lo resista...
¡ni médico que lo asista!

Por eso hoy, Día de la Resurrección, pensemos como Él y confiemos en Él. Igual que Cristo sentiremos que acaban todas las angustias y como Jesús resucitaremos felices y alegres.

Ya lo dijo el Señor, abriendo sus brazos amorosos: «Yo soy el Camino, la Verdad y la Vida».

Recordemos hoy el Día de la Resurrección y esperemos mañana un mundo mejor.

Monterrey, N.L.,
Domingo de Resurrección,
abril 14 de 1968

El seminarista

*Al R.P. Eduardo de Zayas, S.J.,
joven sacerdote jesuita cubano.*

En aquel Retiro Espiritual que hice hace años en San Juan de Puerto Rico, no me había «tocado» el Señor...

Era ya el tercer día y me sentía como el primero. Aún más, creo que había algo de defraudación en mí.

El seminario de «San Idelfonso» era el lugar propicio. Alejando de la ciudad. En una montaña muy alta. Más cerca del cielo. Sin embargo, no sé por qué razón, el mensaje que se busca en esos retiros y aun sin buscarlos, llega, yo no lo había recibido y faltaban sólo algunas horas para terminarse.

En las comidas nos leía pasajes evangélicos un joven seminarista, que, por razones que yo desconocía, se equivocaba continuamente en la lectura, y esto, claro, distraía el silencio con que llevábamos nuestro retiro. A mí me producía una íntima irritación, obligándome a decir para mis adentros: «Pobre muchacho. Debieron enseñarlo a leer, antes de ponerlo ahí». Y mis conclusiones personales iban más lejanas: «¡Qué bruto! ¿Cómo es posible leer tan mal? ¿No sé dará cuenta que distrae a uno? ¿Por qué no sacarán a este pobre imberbe de ahí?».

El seminarista me tenía loco con su mala lectura, produciéndome un verdadero malestar, porque me sacaba de un retiro provechoso.

En fin, llegue a abominar al tonto muchacho. El pobre seminarista era objeto de mi repudio íntimo por alterar con sus tropiezos lingüísticos la tranquilidad de mi retiro.

Antes de irnos a cenar nos retiramos. En mi cuarto había un reclinatorio con un Cristo grande y le expliqué lo que estaba pasando. Tuve que decirle: «Perdóname, Señor, pero en este Retiro no te he sentido. No me llevo nada de Ti, más que unos días de encierro. Yo he venido a buscarte, pero...».

En ese diálogo con Él fui interrumpido por alguien que tocaba a mi puerta. Abrí, encontrándome al P. Capó, un sacerdote mallorquín director del Retiro.

—Toma, aquí te mandan este libro. Es para ti; me pidieron que te lo entregara como un obsequio.

—Pero ¿quién manda esto? Yo no conozco a nadie aquí.

—Bueno, pues parece que él te conoce a ti porque me pidió te lo entregara en su nombre. Creo que te ha dedicado el libro. Léelo y así sabrás. Abrí la primera hoja. En efecto estaba dedicado a mí y decía:

«Pequeño obsequio, como en «acción de gracias» por tantas horas gratas que en unión de mi familia me hizo pasar frente al «ojo mágico». Y con todo mi corazón de hermano le exhorto a que sea usted el fermento de vida y amor de Cristo, allí donde él le ha puesto. Viviendo esta vida total, plena, de nuestro auténtico Cristianismo, en estas horas trascendentales de la humanidad y de dolorosas experiencias para nuestra Patria.

Que no necesite usted abrir la boca para nombrarle, que con sólo verle venir, cruzar una calle, bajar una escalera, los demás se detengan en sus caminos, y abiertos los ojos del alma, tengan que afirmar: «¡Es cierto, nuestro Redentor vive!». Porque si no le reconocemos en los que lo poseen... ¿Dónde le podremos identificar?»

Su hermano en Cristo, Eduardo Zayas.

Cuando leí la firma pregunté:

—Padre, ¿quién es este Eduardo Zayas?

Si yo no lo conozco.

—Es un seminarista cubano que estudia aquí. Parece que estaba muy emocionado de verte en este Retiro. ¿Sabes?, no es usual que los artistas vengan a esto. Sí, hombre, es el seminarista que les leía en las comidas.

Me di cuenta de todo. El joven que nos leía y que dejó de verme en mi Patria desde el año 60, estaba turbado al reencontrarme en Puerto Rico, en un Retiro Espiritual.

Esa fue la respuesta del Señor. Fue ese el mensaje que me dio al terminar el Retiro. Claramente me dijo: «Has aborrecido a este joven, mientras leía. Has pensado mil cosas de él y el joven te responde dedicándote un libro. Jamás subestimes a nadie. Ese muchacho lee mejor que tú, pero la presencia de su artista favorito, lejos de su Patria, lo ha puesto nervioso».

Ya ven ustedes, un seminarista fue escogido por Cristo como instrumento para dejarme un profundo mensaje en ese Retiro. Un mensaje de amor y un latigazo a mi torpeza por no haberlo comprendido. Es que a veces el Señor nos las pone muy duras.

Debo confesar que cuando leí esa dedicatoria dos tremendos lagrimones corrieron por mi cara, sin que yo pudiera evitarlo.

Y es que cuando Dios le habla a uno, el corrientazo es fuerte.

Esa es la historia que yo viví, muy propia para ser contada en estos días, y de la que fue eje central el seminarista que leía mal.

Ruego desesperado

Quiero ser mejor, Señor... y ¡cuesta mucho!

Trato de entender a las gentes, pero ellos no quieren comprenderme. Por eso, ¡ayúdame a ser mejor! Te ruego hagas que yo los entienda sin que los otros quieran comprenderme.

Ayer ayudé a un pobre y resultó que no era pobre, sino un hijo de la... ¡cebolla verde! Y me estafó.

El otro día vinieron pidiéndome ayuda y la negué, pensando que era igual a las anteriores. Resultó que esos sí la necesitaban.

¡Qué problemas, Señor! ¡No sé qué hacer! Estoy confuso. Por eso, ¡quiero ser mejor!

Dios mío: haz que cuando me engañen no me duela, y si viene el próximo con el mismo cuento, que pueda yo ayudarlo.

Trato de amar, como tú nos mandaste, y resulta que el prójimo, ni es prójimo ni la cabeza del pollo. ¡Es un canalla! Y eso me complica la vida.

Yo sé que tú fuiste traicionado y eras el Hijo de Dios. Pero es que cuando a mí me traicionan, creo que son unos hijos del Diablo. Pero, ¡si no les he hecho nada, Señor! ¿Por qué me lo hacen a mí?

A veces prefiero ser distinto, Señor. Y me levanto con ganas de aplastarle la cabeza a la gente. Pero, el primero que me encuentro es un infeliz; con su mamacita enferma; con su mujer esperando y una hermana tuberculosa. Entonces, Señor, siento lástima y lo ayudo, pero el muy canalla me la hace, Señor. Y me entero que su mujer no espera nada, porque no tiene mujer; tampoco ha tenido hermana, porque es único hijo, y lo que es peor, Señor, ¡no tiene madre! Porque la vieja murió en Durango hace 15 años.

Entonces me falla el ser distinto. Y le «parto el pulmón» al primero que se me atraviesa en el camino. Y ese pobre no tiene culpa de nada. Sí tiene madre y esposa y hasta hermanita, si no tuberculosa, por lo menos con bronquitis asmática que no la deja vivir.

¿Dime qué hago, Señor...?
Quiero ser mejor... y ¡cuesta mucho!
Amén

Monterrey, N.L.,
mayo 24 de 196

Carta abierta... al hombre actual

Te supongo enterado de que los hombres de ciencia se preparan para corregir la obra de Dios en lo más vital, profundo y eterno que nuestro Creador nos ha dado: ¡el poder de dar vida!

¿Has pensado lo que significa de maldad, de ingratitud, de egoísmo, el querer dosificar la vida humana? ¿El querer controlar los nacimientos?

Tratando de justificar semejante crimen, dice el hombre que hay súper-población. ¡Qué horrendo y espantoso? Qué sacrílego se ha vuelto el hombre cuando piensa que debe contener la obra Divina del nacer.

¡Hay súper-población...! No hay alimentos suficientes para mantener al hombre en la proporción con que nacen... Sin embargo, el mundo está lleno de lugares donde hacen falta hombres. Lugares dotados por la mano de Dios de todo lo que hace falta para vivir: agua, árboles, frutales, animales, minerales, etc..... Selvas de riquezas inigualables, esperando que el hombre que no ha querido ir... o no ha podido porque los gobiernos no han hecho lo necesario para estimular la explotación de esos lugares. En vez de hacer esto... deciden lo contrario; el hombre creado por Dios a su imagen y semejanza, ha dispuesto «controlar los nacimientos». Mira a Dios, su creador, y le dice: «Tú hablaste de creced y multiplicaos, pero eso era antes, ahora ya nos hemos multiplicado muchos... ¡Hay que detener el ritmo del mundo! No puede haber tantos hombres en la tierra y hemos decidido que no nazcan... ¡A limitar tu obra creadora!».

¿Puede haber más grande salvajismo...? ¿Es que existe herejía mayor...? Imaginémonos el diálogo de nuestros hombres de ciencia y estudios avanzados:

—¿Qué hacemos con los hombres de la tierra?... Hay muchos y no hay para darles a tantos de comer...

—Pues matémoslos... Evitemos que nazcan más. Controlando la natalidad habrá menos... Y nos repartiremos la tierra, evitando que vengan más a compartirla... Quedémonos nosotros en el mundo, ¡que tuvimos la suerte de que nos dejaran nacer!

No hubo uno que dijera:

—¿Y por qué no controlar los instintos? ¿Por qué no regular la pasión dominante de la carne? ¿Por qué no seguir otras leyes de abstinencia, que sabemos dan resultados?

¡Ah...! Porque el placer sexual es sublime y es más fácil controlar los nacimientos mientras nosotros gozamos y damos rienda suelta a nuestras animales apetencias... El presente es nuestro y el que venga atrás... ¡que no nazca!

Y me pregunto yo: ¿Qué hubiera pasado si esto lo hubieran pensando nuestros antepasados? Muy sencillo, no estaríamos aquí. No hubiéramos nacido... Tal vez era preferible. Porque si nos dejaron nacer para quitar vidas, somos asesinos... Y a los asesinos se les condena a muerte, según ellos. Si los tribunales juzgan por amenaza de muerte. Si en las Cortes se condena el homicidio. ¿Qué esperan los tribunales para juzgar a los que cometen crimen para matar la obra de Dios: el derecho de nacer? Sí, porque bien sea a nombre del Gobierno o de una respetable Comisión de Estudios, no hay que pensar mucho para determinar que tan asesino es quien mata a otro hombre, como homicida quien no lo deja nacer. Ese es mi juicio.

¡Qué Dios perdone a los irresponsables científicos que planean semejante atrocidad! Que Cristo, hecho a nuestra imagen y semejanza, con su infinita misericordia, repita desde la misma Cruz donde han vuelto a clavarlo de nuevo: «PERDONALOS SEÑOR, PORQUE NO SABEN LO QUE HACEN!». Y que el Espíritu Santo les dé luz al entendimiento y encienda en ellos el fuego de su amor para que puedan comprender que la Vida está solamente en manos de Dios y que jamás los hombres podrán disponer de ella, ni siquiera en nombre de la ciencia.

Esto es siempre condenable.
Está escrito en las Tablas de Moisés:
El Quinto: ¡NO MATAR!

Virgen de la Caridad, Patrona de Cuba

Amada Virgencita del Cobre:

En este mes de septiembre se celebra tu festividad... Ese día, como todos los años, los cubanos, en cualquier parte que estamos, te recordamos con cariño y fervor, y pedimos por nuestras necesidades; este año igual que el anterior; y así hace cuatro años, estamos haciéndote el mismo ruego: Virgen del Cobre, ¡SALVA A CUBA! Miles de voces cubanas se elevarán llorosas frente a una imagen tuya rogándote lo que es anhelo ferviente de todo un pueblo que sufre: ¡SALVA A CUBA! Pero parece, Virgen Madre, que todavía los cubanos no nos merecemos la patria nuestra... Es posible que tus hijos, que sufrimos el amargo pan del destierro no hayamos comprendido bien la lección de humildad, de aceptación, de amor al prójimo que quisiste darnos para que seamos mejores y construyamos nuestra Nueva Cuba sobre cimientos tan sólidos como son los de tu dulce nombre: ¡CARIDAD cristiana! «CARIDAD no es dar... sino darse»... Y nosotros los cubanos todavía no hemos aprendido lo que es principio y base de la doctrina de Cristo: «AMAOS LOS UNOS A LOS OTROS». Todavía los cubanos no estamos unidos, Virgencita del Cobre... Todavía hay odios en nuestros corazones... Todavía pensamos en la venganza... Todavía abrigamos negros rencores...

Todavía hay muchos que no están dispuestos a perdonar. ¡Por eso todavía no nos merecemos nuestra patria libre!

Sin embargo, este año, Madre Cubana, al rogarte que salves a Cuba, queremos también hacerte una solemne promesa: La de la unidad genuina, purísima, concretada en el deseo del bien de los demás, sin ocultas escorias. Te prometemos firmemente que cesarán entre nosotros, tus pobre hijos cubanos, todas las divisiones, que tan grandes limitaciones nos imponen. Cesarán las facciones, los intereses, los personalismos y los celos... Los grupos cerrados con «Ismos» de toda especie: ¡La tara de nuestro pueblo! Es posible Virgen del Cobre, que estas promesas no podamos cumplirlas de una vez; ni será nunca perfecta y total pero al menos avanzaremos hacia ese ideal. ¡Cada paso será una gran victoria! Evitaremos los odios entre tus hijos cubanos... Florecerá el perdón entre hermanos... Y reinará el amor, aunque muchos creamos que es imposible amar a un enemigo.

Bajo esas firmes promesas, entréganos nuestra patria Virgen del Cobre. Dánosla libre para hacer de ella un pueblo ejemplo de amor y comprensión. Te prometemos solemnemente en este tu día, Virgen de la Caridad, edificar una Cuba cristiana, sobre plataformas del amor al prójimo. ¡Haz que florezca nuestra patria de las cenizas ateas que hoy la destruyen!

Esta es nuestra palabra empeñada contigo, Virgen Morena, para poder pedirte con la frente alta, hincados a tus plantas, con dolor de profundo arrepentimiento: Virgen de la Caridad del Cobre: ¡SALVA A CUBA! Y que nuestra patria, por el cumplimiento de las promesas de tus hijos cubanos, sea ejemplo de un Mundo Mejor... Para honor y Gloria de tu Hijo Jesús.

8 de septiembre de 1964

Mi intimidad con Cristo

Hace tiempo —hará unos cinco años— tuve una interesante conversación con un amigo y la he repetido cada vez que ha sido oportuno. Hoy, voy a escribirla, porque creo que servirá a muchos que son amigos de Cristo pero no llegan a ser íntimos. Y eso los lleva a un estado personal del que no sufren los íntimos del Señor.

Me decía mi amigo: «Yo siempre he sido un buen cristiano y como tal, pues... rezaba, iba a misa, le pedía a Dios, le daba las gracias, etc. Pero había algo, que me faltaba en las relaciones entre Dios y yo. Hasta un día que, sin saber cómo me vi desposeído de todo. Familia, estaba lejos de ella; dinero, no tenía trabajo; salud, no estaba enfermo, pero mi facultad de pensar estaba trunca. Sentía un miedo atroz por la vida, tenía la extraña sensación de experimentar un gran vacío por dentro. No sabía qué quería, ni a dónde iba». «Yo —decía mi amigo— que toda mi vida había sido locomotora, era ahora el último vagón, desvencijado y solo, con la cadena medio rota. Ha sido el más doloroso sufrimiento que he pasado en toda mi existencia. Algunas veces lo achacaba a la triste salida de mi país, y a haberlo perdido todo». Él había dejado su patria, Cuba, saliendo sin familia y sin dinero. Fue un hombre solvente. Tenía una vida cómoda, una pequeña fortuna, propiedades y era muy querido en su patria. «No me quedaba nada, decía... ni familia, ni amigos, ni dinero, ni siquiera... mi patria. Me vi muy solo, sin nada ni nadie a quién agarrarme. Y empecé a intimar con Cristo, comencé a llorar mi soledad frente a un pequeño crucifijo, lo único que había colgado en mi pobre y desolado cuarto... Le decía: Jesús, «también tú fuiste desterrado»... cuando niño te hicieron huir a Egipto para librarte de las garras de Herodes y te convertiste en el primer refugiado del mundo, tú debes entender mi pena». «No soy nadie. No tengo nada. Te necesito, señor, dame al menos mi familia; devuélveme los dones que me diste. ¿Por qué me dejas sufrir si yo siempre te he amado?». Me cuenta mi amigo que le parecía ver llorar también a Cristo. Él creía que Jesús lo entendía. Y de esta manera, empezó a intimar con Cristo. El único amigo que le quedaba. El único que parecía comprenderlo porque conocía sus más recónditos pensamientos. «Así, me decía, llegue a hacerme íntimo del Señor». Gradualmente empezó a recuperar lo que perdió. Su familia se unió a él... Se encontró de nuevo a sí mismo. Volvió a reconstruir su vida. Le devolvieron su talento perdido. Su voluntad comenzó a ser la de antes.

El pequeño crucifijo de aquel cuarto hoy lo acompaña siempre. Ya no llora con él. Parece sonreír y, desde la cruz, decirle: «Hombre de poca fe, no ves que también duermo». «Es que no entiendes que yo, que sufrí como tú, los horrores del destierro, tuve un doloroso calvario; me maltrataron; cargué mi cruz y también le reclamé a mi Padre por qué me había abandonado. Morí por ti y sin embargo... tuve mi resurrección».

Es emocionante relatar la historia de mi amigo que de veras impresiona, pero es verídica.

También yo tengo en mi cuarto un pequeño crucifijo a quien le hablo a diario, porque quiero ser su íntimo amigo. Después de todo no hay nada de mí que él no conozca.

Desde entonces yo también lo trato a Él de tú. Porque nos entiende como nadie.

De ahí nació mi intimidad con Cristo.

Acto de contrición de un cubano...

Me arrepiento, Señor, de haberte ofendido... No de palabra, ni de obra, sino de omisión... Pésame, Dios mío, por no haber sido tan buen cubano como yo creía que era... Me acuso, Señor, de haber olvidado a mi patria... de no haber hecho por Cuba lo que debía haber hecho... Te confieso, Señor, arrepentido, que fui egoísta... Que me preocupe más de mí y de mi familia... De mis hijos y mi bienestar, que de mi pobre Cuba, desolada y triste y de mis sufridos hermanos que allá en mi inolvidable isla sufren horrores de prisión y muerte... Oh, buen Jesús, mírame como un miserable humano que no siguió tus postulados cristianos de amor al prójimo más que a uno mismo... Jamás pensé que mi hermano en Cuba y fuera de ella necesitaba de mí... Nunca imaginé que yo era parte importante en la liberación de mi tierra cautiva... Y si no hice más, Señor, fue porque pensé que mi parte no era importante en esta lucha entre el Bien y el Mal, donde todos formamos parte vital... Cuántos como yo, Señor, han hecho lo mismo y han desoído tu mandato y seguido tus preceptos: después de ti... ¡la Patria...! Yo lo olvidé, ¡Señor! Y me arrepiento de todo corazón porque hoy me doy cuenta, en el saldo del año que terminó que nada he realizado positivo por mi patria agónica, donde mis hermanos se desangran y mueren... Debí pensar en ellos, antes que en mí... y preocuparme más por los niños que mueren en mi tierra... Por los infelices que caen bajo las balas... Por los hambrientos... Por los que están en las cárceles pudriéndose... Pero, en ti espero, Señor, que me des fuerza, que envíes luz a mi inteligencia y dirijas mi voluntad para cumplir el propósito que me he hecho y te prometo realizar el año que entra: Ante Ti, Señor... Frente al Sagrario, hago los más firmes propósitos de ver antes a mi hermano herido de muerte, y a los hijos de mis hermanos que a los míos propios. Este año que entra, rogándote sea el Año de la Liberación, quiero que me ayudes, Señor, a ser cristiano y seguir tus palabras: ¡Ayúdame, Señor, a ser CUBANO! Amén.

Cuba de rodillas

Cuba de rodillas

Con motivo de una oración que leí en el Boletín Parroquial, llamado «THE VISITOR» donde aparecía un escrito, firmado por el millonario CONRAD M. HILTON, dueño de la cadena de hoteles, que llevan su apellido y titulado «América de Rodillas»; escrito éste lleno de amor patrio y fervor católico, se me ocurrió, parodiando a Mr. Hilton, escribir el artículo que a continuación leerán, que se llama «CUBA DE RODILLAS»... La razón es que no veo por qué no voy a poder arrodillar yo a Cubita, al lado del poderoso Tío Sam, habiendo sufrido mi patria más... Para ustedes, a nombre de todos los cubanos que sientan como yo, mi oración «CUBA DE RODILLAS».

PADRE NUESTRO QUE ESTÁS EN LOS CIELOS... ante ti estamos hincados porque sabemos todos y queremos de veras que Tu Nombre sea santificado y que Tu Reino venga a nosotros... Los cubanos errantes, Padre, y, los que en nuestra isla sufren, esperando en TI, que se acaben las tinieblas que oscurecen nuestro suelo, nos POSTRAMOS A TUS PIES, Señor, pidiéndote una CUBA NUEVA, distinta a la de antes, en que pensábamos poco en TI; diferente a la isla cautiva de ahora, donde TÚ no importas...! ¡Qué cesen ya nuestros egoísmos absurdos...¡Que nos des luz a nuestra inteligencia, para que pensemos MENOS en el dinero y más en el hermano... Que fortalezcas, Señor, nuestra voluntad para que podamos sentir «por el otro», igual que por nosotros mismos... HÁGASE, SEÑOR TU VOLUNTAD.

... Y haz que sea esta la de amarnos más que nunca, unidos en el mismo dolor de ver nuestra patria pisoteada y enfangada por la Mugre Roja.

PERDÓNANOS, PADRE, NUESTRAS OFENSAS… por no hacer lo que nos mandaste de querernos con verdadero amor, hasta llegar al sublime sacrificio por nuestros semejantes…

Y HAZ QUE PERDONEMOS A LOS QUE NOS OFENDEN DESANGRANDO NUESTRA TIERRA y usando nuestra CUBA para sus egoístas propósitos… LÍBRANOS, SEÑOR, del terrible mal del comunismo ateo y brutal…! Es CUBA DE RODILLAS y CON SUS BRAZOS EN CRUZ quien te lo pide, DIOS¡¡

Queremos ver nuestra tierra de nuevo alegre, feliz y cristiana. Te rogamos, Señor, nos hagas mejores para que podamos reconstruir nuestra Patria, tornándola en una nueva tierra de AMOR, CARIDAD e ilusiones… Que sea el premio a un pueblo que sufre…!!

CUBA DE RODILLAS, TE LO IMPLORA…!!

ASÍ SEA…!

En el destierro.
Año de 1970,
fecha del eclipse de Sol.

Nuestros héroes

Carlos Alberto Badías. Homero Gutiérrez. Vivian de Castro. Felipe Dulzaides. Raúl Verrier. Nelson Penedo. Antonio Capiro. Griselda Nogueras. «Cary» Roque. Maribel Suao. Acela Piñero. Gabriel Márquez.

El ARTISTA cubano fue siempre por naturaleza, tibio, frágil, voluble, despreocupado. Como todos los mimados por el público, la política le interesaba poco. Su condición de favoritos de un pueblo cariñoso, cordial y expresivo en todo momento, obligaba al artista cubano a no definir su línea de conducta ciudadana, toda vez que «su público» estaba compuesto por cubanos de distintas tendencias, razas y religiones. Y el artista veía en ellos, eso solamente: «el público» sin distingos de partidos o agrupaciones. Y así corría la Cuba de Ayer...

Pero..., vino el momento decisivo en que «Kastro» hizo la división entre los buenos y los malos. Trazó una raya fronteriza y.... dividió al pueblo, poniéndole DOS BANDERAS; la RUSA y la CUBANA, ¡DIOS CONTRA EL DIABLO! O lo que es lo mismo: ¡COMUNISMO CONTRA DEMOCRACIA!

Y fue ahí que el artista cubano, dejando a un lado su natural vanidad, sensible al dolor de su Patria, respondió virilmente a su pueblo y salió a combatir por una ¡Cuba Libre y Cristiana!

Nuestra clase debe sentirse orgullosa de ser una de las que más prisioneros tiene por la causa de Cuba. Los artistas que más frívolos y tibios parecían lucharon con las armas en su mano por su pueblo. Los artistas cubanos presos honran nuestra clase y tienen hoy el respeto y la admiración del Mundo Libre.

Guardan prisión por defender la Libertad y que es el Derecho de decir No. Dijeron que ¡NO! al comunismo ATEO Y BRUTAL y están ahora en prisión pero... aunque estén presos

SON MÁS LIBRES QUE «LOS OTROS» porque es «mejor vivir tras las rejas» que ¡arrastrarse como esclavos!

¡Recuerden bien esos nombres! No los olviden porque ellos habrán de figurar en la Galería de la Fama de nuestra futura Asociación; igual que ahora figuran grabados en nuestro corazón con el imperecedero recuerdo de la admiración y el respeto que se les tiene a los héroes.

Pero no nos consternemos… Esa prisión es temporal y «la función debe seguir». Muy pronto estarán respirando el aire de LIBERTAD de una CUBA NUEVA, que ellos ayudaron a conquistar.

Podrán meterlos entre rejas… pero nunca conquistarán su espíritu.

Y lo más importante es tener el espíritu libre.

Desde estas páginas rendimos tributo de admiración y cariño al MÉRITO PATRIÓTICO de nuestros hermanos, prisioneros del Régimen Rojo:

¡Honor a Nuestros héroes!

Cristo o Castro...

Tenía en mente hacer estas líneas desde hace bastante tiempo. Es más, la idea me nació en Cuba mientras estábamos en los preparativos del Congreso Católico celebrado el 28 de noviembre de 1959. Nuestra intervención en el Congreso Católico fue hasta cierto punto revolucionaria. Se nos ocurrió la idea de hacer un «jingle» para anunciar en todas las Emisoras y Televisoras de Cuba la fecha del Congreso Católico e invitar a los cubanos que asistieran a él.

Ese gran músico —y católico macizo— que se llama Paquito Godino captó la idea y le puso música, grabándolo después con el Coro que él dirigía. Y por todas las Emisoras, Estaciones de Televisión, carros altoparlantes se oía, en las bien timbradas voces del Coro de Paquito Godino, una pegajosa melodía:

«Cubano, responde presente:
La Virgen de la Caridad
te espera en su homenaje nacional
¡Te esperaaa...!»

Y le seguía a eso la voz del locutor —que era yo— anunciando la fecha, hora, y lugar.

Más tarde, al calor de esa propaganda —atrevida y moderna—, me lancé a visitar a los más connotados líderes de la revolución para pedirles su cooperación al Congreso Católico. Los artistas tenían el problema de la hora y su asistencia era dudosa. En los «Night-Clubs» y Cabarets (parece igual pero no es lo mismo; Night-Clubs: Tropicana, Cabaret: los de la playa). Repito, en los centros nocturnos los artistas terminaban muy tarde, de 3 a 4 de la madrugada, más o menos, y les era imposible asistir a la Misa frente a la Virgen de la Caridad y responder «presente» como pedíamos en el «jingle». Pero, como todo lo que se hace en nombre de Cristo tiene éxito, le buscamos solución y visitando personalmente a los «Revolucionarios», los revolucionamos con nuestra petición, y nos fueron concedidos 17 ómnibus con 17 choferes para que fueran a recoger a los artistas de Night-Clubs y Cabarets y Centro Nocturnos de diversión, a la hora en que terminaban sus labores: 3 de la mañana. En C.M.Q., en Radio Progreso, en Tropicana, en las Salas de Teatro… En todos los lugares donde los artistas terminaban a altas horas de la noche, había una guagua con su chofer esperándolos para llevarlos frente al altar de la Virgen de la Caridad. El artista cubano respondía PRESENTE, al llamado de la Virgen de la Caridad, Patrona de Cuba. En esta labor debo reconocimiento a mis hermanos MERCY LARA, PAQUITO GODINO, TETE COLLAZO, MANOLO FERNÁNDEZ, etc. Un equipo de cristianos bien definidos que trabajó conmigo en la labor de aglutinar a los artistas cubanos en el Congreso Católico.

Recuerdo —entre muchas— una anécdota que mueve a risa pero conmueve al corazón, cuyo protagonista fue Roderico Neyra, el coreógrafo «RODNEY» de Tropicana, que en paz descanse. Cuando le hablé de hacer acto de presencia en el Congreso Católico, en una misa especial que tendríamos los artistas cubanos oficiada por MONSEÑOR EVELIO DÍAZ —su primera Misa como ARZOBISPO—, llamó a las chicas del coro y con su voz característica y estilo peculiar les informó:

«Muchachitas, ya oyeron lo que dijo Alvariño. La misa es a las 4 de la mañana, a esa hora estarán las guaguas para recogerlas. Vamos a encontrarnos con la Caridad así que mucho cuidado en el vestir. Nada de escotes ni apretaderas. Vamos a Misa a ver a la Virgen».

¡Y así fueron las muchachas de Tropicana!

No porque Rodney les advirtiera sino porque todos sabían de la trascendencia que tenía **«encontrarse con la Virgen»**.

¡Los artistas cubanos respondieron presente a Cristo! Y —como Dios premia toda buena intención— tuvimos la Gracia de asistir a Misa a las 4 de la madrugada en el mismo altar donde estaba la Virgen Morena. Hicimos una Hora Santa, especialmente escrita por Armando Couto —con licencia eclesiástica— gracias al propulsor de esta idea magnífica, el incansable Padre Colmena.

Los artistas cubanos fuimos premiados por el Señor, dándonos el privilegio de oír Misa junto a la Virgen.

Y en esa época, donde todavía las definiciones no estaban todo lo claras que debían, el artista cubano, frívolo, inconstante, veleidoso, pero sólidamente CRISTIANO, le respondió presente a la Virgen de la Caridad del Cobre.

Y ante el interrogante de aquella época de tibieza y dudas en que había de tomar un camino CRISTO... o CASTRO, su decisión fue clara, abrazó a CRISTO frente a las barbas de CASTRO. Prefirió la cruz del destierro a las promesas malignas del Gran Farsante.

Como nota final quiero añadir que la Invocación a la Virgen de la Caridad esa noche le fue confiada, a quien hoy está junto a ella —su gran amor— nuestro inolvidable Alberto Garrido.

Estas líneas no pretenden servir de ejemplo, pero sí quieren señalar una actitud tomada por nosotros los artistas cubanos en un momento en que no era fácil determinarse.

A los cubanos de «allá» que aún tengan duda... A los cubanos de «fuera» que aún titubeen, les envío estas últimas líneas para ayudarlos a definirse.

El Señor dijo: ¡Estás conmigo o... contra mí!

Yo les pregunto: ¿CRISTO O..CASTRO?

Al definirnos como CRISTO, debemos hacerlo sin dudar, ni «tibiezas», con la entera decisión de quien abraza la cruz, y sabe que siempre habrá una ¡Resurrección Triunfante!

Aunque el dolor sea mucho y el sufrimiento nos agobie, llegará el Tercer Día, y nos abrazaremos todos en una Cuba distinta, donde celebraremos otra Concentración Católica, esta vez con la asistencia de representaciones de todos los países de América. Y volverá a dejarse oír aquel cántico que ayer escuchamos:

«Cubano, responde presente:
La Virgen de la Caridad
te espera en su homenaje nacional
¡Te esperaaa…!»

No todos los que están son...

Así es. Como reza el título. Cuando usted piense en aquel artista que en la Cuba de ayer lo entretenía, en las gratas horas del hogar, desde la pantalla de su televisor... Cuando usted recuerde a su actriz favorita, a quien le gustaba ver en su programa preferido... Al recordar a aquél su amigo que invitaba a las «pequeñas», en galante gesto, a beber de su copa... por favor, en nombre de muchos de ellos escribo: ¡no los condene! Y se lo digo con plena convicción; ¡ellos no son culpables! Hay muchos artistas populares que hoy viven en Cuba. Varios guardan prisión; otros están libres y muchos de los que están, no son lo que usted imagina. No puedo mencionar nombres por obvias razones, pero debo copiarles como ejemplo, parte de una carta que recibí desde Cuba, donde un artista amigo, me decía, entre otros párrafos:

«... y ya no quedaré bien con nadie. Con los de «afuera» porque me quedé aquí; con los de «adentro» porque no estoy con ellos y lo saben. Estoy muy viejo para tomar decisiones. Mi familia, como sabes, está enferma, herida de muerte y no puedo abandonarla. Sólo te pido que me comprendan. Moriré aquí, en Cuba... Quiero que se lo digas a todos. Yo no soy de «estos», y tú lo sabes...».

Y así seguía la carta, desgranando el dolor de que no lo comprendieran. Por eso, amigos que leen esto, no los condenen. Recuerden a sus artistas preferidos de ayer, con el mismo amor con que antes lo veían. Ellos están en Cuba todavía. No han podido salir... Y viven entre la «mugre roja» sin mancharse. Compréndanlos... Tienen razones poderosas para seguir en Cuba... Igual pasa con muchos amigos y familiares nuestros. Se quedaron, pero están en ideales y espíritu con nosotros, los que pensamos en Cuba libre y cristiana. En la Cuba que reía y amaba; en la isla amiga y cordial... En nuestra Cuba de ayer que, gracias a Cristo, volverá a reír.

¡No, mi amigo! Créame… No todos los que están dentro son comunistas… ¡No todos odian! ¡Piensen en ellos con el mismo amor de ayer! Siga admirándolos. Ahora más que antes, porque están «dentro» sin enfangarse con «aquello»… Muchos «trabajan» para ver a Cuba libre y feliz… Si usted reza, dedíqueles una oración. A las figuras de ayer en quienes usted depositó su admiración rindámosle el tributo de nuestra simpatía de siempre… ¡Compadézcanlos…! Algún día usted sabrá por qué se quedaron y lo que hicieron en Cuba Mártir.

Pero, sobre todo, créame. Yo lo sé y se lo transmito para que le vuelva la fe en ellos; mis compañeros artistas que no pudieron salir, a pesar de que no son comunistas. Igual que muchos que usted conoce. No se haga una idea falsa. Recuerde el título de este escrito. Mañana sabrá por usted mismo, que de los nuestros, de la clase artística cubana, NO TODOS LOS QUE ESTÁN SON…

San Juan de Puerto Rico,
agosto de 1964

Jesús Alvariño. Artista y hermano

¿Les comento un libro?

Parodiando al amigo de *El Redondel*, Severo Mirón, se me ocurrió este título recordando *El hombre mediocre* de José Ingenieros. Ingenieros, que dictaba la cátedra de «Psicología del Carácter», en la Facultad de Filosofía, logró legiones de seguidores tanto de su patria argentina como de todo el Continente, quienes llegaron a proclamarlo Maestro de la Juventud Latinoamericana. José Ingenieros, un ilustre pensador, que era además un connotado médico, se significó con éxito en los campos de la ética, las ciencias sociales, la psicología, la sociología, la filosofía.

Es innegable que *El hombre mediocre* de Ingenieros, forjó magníficos hombres con su brillante prédica moral. Y todavía sigue proyectándose noblemente en las generaciones actuales.

Cuando Ingenieros habla sobre «ideales» nos dice que «Sin ideales, sería inexplicable la evolución humana. Siempre habrá, por fuerza, idealistas y mediocres. Todo idealismo cuenta entre sus enemigos más audaces a la ignorancia, madrastra de obstinadas rutinas. Todo ideal representa un nuevo estado de equilibrio entre el pasado y el porvenir y los ideales, por ser visiones anticipadas de lo venidero, influyen sobre la conducta y son el instrumento natural de todo progreso humano».

Y explica que a medida que la experiencia humana se amplía observando la realidad, los ideales son modificados por la imaginación que es plástica y no repara jamás. Experiencia e imaginación siguen vías paralelas aunque va muy retardada aquella con respecto de ésta.

Y José Ingenieros tiene líneas como éstas: «La hipótesis vuela; el hecho camina; a veces el ala rumbea mal, el pie pisa siempre en firme, pero el vuelo puede rectificarse mientras el paso no puede volar nunca». Y cuando Ingenieros habla de «ilusiones» dice que «tienen tanto valor para dirigir la conducta, como las verdades más exactas; puede tener más que ella, si son intensamente pensadas o sutiles».

Sobre la libertad explica que «El deseo de ser libre nace del contraste entre dos móviles irreductibles: la tendencia a permanecer en el ser, implicada en la herencia, y la tendencia de aumentar el ser, implicada en la variación». La una es principio de estabilidad, la otra de progreso. Al hablar de «experiencia» nos dice el ilustre pensador que «sólo ella decide sobre la legitimidad de los ideales, en cada tiempo y lugar». Y añade que «mientras la experiencia no da su fallo, todo ideal es respetable aunque parezca absurdo. Y es útil por su fuerza de contraste; si es falso, muere solo, no daña».

Aclara que «la imaginación y la experiencia van de la mano; solas no andan. Y que no sólo de los imaginativos espera la ciencia sus hipótesis; el arte, su vuelo; la moral sus ejemplos; la historia, sus páginas luminosas; los prácticos no han hecho más que aprovechar de su esfuerzo vegetando en la sombra». Ingenieros piensa que «más ha hecho la imaginación construyendo sin tregua, que el cálculo destruyendo sin descanso». Añade que «la excesiva prudencia de los mediocres ha paralizado siempre las iniciativas más fecundas. Y no quiere esto decir que la imaginación excluya la experiencia; esta es útil pero sin aquella es estéril».

«Una gran vida —escribe Vigny— es un ideal de la juventud realizado en la edad madura».

Sobre el temperamento individualista, nos explica Ingenieros que «éste cree más en las virtudes firmes de los hombres, que en la mentira escrita de los principios teóricos».

Debo resumir: me confieso inepto para condensar un libro de tanto contenido como este de Ingenieros, *El hombre mediocre*. Sólo debo decirles que ha agotado ya ocho ediciones desde que fue lanzado a la venta y añado: ¡esto sí es un libro!, todo lo demás, puro ensayo.

Búsquelo, seguro se verá usted retratado en *El hombre mediocre*, porque ¿qué hombre que vive no tiene ideales?

Monterrey, N.L.,
junio 4 de 1968

Competencia

¿Quién dijo que «competencia» es enemistad?

Cuando yo dirigía hace tiempo una estación de radio de gran popularidad en Cuba, teníamos un programa, a la misma hora, en las dos radioemisoras más escuchadas de aquella época: C.M.Q y Cadena Azul. Dada la casualidad que ambos programas tenían un mismo patrocinador.

En esos tiempos la competencia era muy fuerte en mi país y no solamente fuerte sino irreconciliable. El artista que trabajaba para Cadena Azul y vieran pasando por los portales de C.M.Q., «se quemaba» y hasta lo llamaban de la gerencia para reconvenirlo y explicarle que «eso estaba mal» y que «le podía traer problemas», en su trabajo, etc.

Bueno, el caso es que decir competidores era mencionar a los enemigos: *alemanes contra americanos, Montescos y Capuletos, policías y ladrones,* en fin, *trincheras distintas.* Tal es así que los anunciantes, principalmente «jaboneros» y «cigarreros», elegían su emisora y si uno se anunciaba en C.M.Q. el otro debía ir a R.H.C.

Cierta vez que puse de acuerdo con el patrocinador y le informé que iba a hacer en el programa una mención del competidor que estaba «enfrente». Al anunciante le pareció buena la idea y así lo hicimos. Fue una verdadera conmoción. Era el comentario del día, algo revolucionario pero... se rompió el hielo y la «competencia» pasó a ser eso, «competencia», y no enemistad; superación y sano desafío de mejores programas y mejores artistas en el cual todos salieron ganando. Anunciantes, empleados, artistas, empresa y por supuesto los radioyentes que tenían donde escoger, debido a la competencia, cuando comprendieron que competir es luchar limpiamente con las armas del talento y la destreza. Sea en televisión, radio, prensa, o en la fábrica de «albóndigas malteadas» «La Peloncita».

Cuando entendimos esto dimos un gran paso de avance en todos los órdenes. Y lo que es mejor: el público, a quien servimos, salió ganando.

¿Quién dijo que «competencia» es enemistad?

Monterey, N.L.,
junio 3 de 1968

Cástor Vispo

Ha muerto Cástor Vispo, uno de los mejores humoristas de habla hispana.

Vispo, gallego de origen, vivió en Cuba muchísimos años. Figuró en el desarrollo socio-político de nuestra patria como uno de los grandes de la prensa, a través de su sano y agudo humorismo. Cástor Vispo trabajó en «La Semana» de Sergio Carbó; ahí vio la luz su creación en verso «El Barón del Calzoncillo». Cástor Vispo estuvo al lado de su entrañable amigo y caricaturista José María Roseñada en el semanario Zig-Zag en la Cuba de ayer. Zig-Zag acaba de desaparecer después de treinta y tres años de historia en el periodismo cubano. Trece de esos años los vio Zig-Zag en el exilio. Vispo fue uno de sus fundadores.

Por si esto fuera poco, Vispo fue uno de los más escuchados autores radiales. Su creación de «La Tremenda Corte» aún se transmite en toda la América Hispana. Los mismos libretos que tuvieron impresionante éxito en Cuba y que sirvieron para lanzar a Leopoldo Fernández como el más gracioso intérprete cómico en La Habana, los mismos libretos grabados se escuchan actualmente en casi todos los países de habla hispana. El «Gallego» Vispo creó la Tremenda Corte especialmente para Leopoldo Fernández; de Vispo es el nombre «Trespatines». Con «Chepo» trabajaba el graciosísimo Adolfo Otero; Luis Echegoyen hizo su debut radial en ese programa y de ahí nació el personaje de Pedro Wachtz Palanganovitch, creado por Vispo para radio y que al advenimiento de la televisión lo escribió para ese medio, el autor Antonio Suárez Santos. Cuando Suárez Santos pidió licencia en «La Taberna de Pedro» de televisión, Vispo la escribió durante un mes con indiscutible éxito.

Cástor Vispo era un verdadero maestro del lenguaje y los equívocos más graciosos fueron escritos por él.

Otros espectáculos de radio que tuvieron magnífica audiencia también originales de Cástor Vispo fueron: El Policía «Tiburcio Santamaría» de la Novena Estación y el detective gallego «Rudy Rod» que protagonizaba Adolfo Otero y yo dirigía.

La tierra cubana acaba de acoger en su seno a un inmortal del histrionismo hispano: Cástor Vispo. Lléguele a su esposa Ofelia nuestra sentida condolencia. Ha muerto un Grande del Periodismo, la Radio y la Televisión. La noticia del fallecimiento del gallego Vispo me la dio otro grande de hoy, mi amigo José M. Roseñada.

¡Adiós, gallego! Cuba entera y América Hispana te recordarán como el autor del espectáculo más gracioso de todos los tiempos: «La Tremenda Corte».

En toda Iberoamérica se oye la clásica presentación que tú escribiste:

«Luz María Nananina... ¡Aquí, como todos los días!

Rudesindo Caldeiro y Escobiña... ¡Presente!

José Candelario Trespatines... ¡A la Reja!».

Te deseamos, Castor Vispo, que Dios que haya acogido en la gloria de los que en la tierra hicieron buenas las palabras de San Pablo: «Alegráos siempre en el Señor». Es todo.

Miami, Florida,
abril 27 de 1975

¿Usted es Machito...?

Hace algunos años estaba yo comiéndome un sándwich cubano en un popular restaurant de aquí de Miami... ¿Por qué no decirlo? Era en el Badías y una linda muchacha que me atendía no hacía más que mirarme fijamente y se sonreía cuando se encontraban nuestras miradas. La chica es bella y a mí me tenía amoscado. Claro que estoy acostumbrado a que me miren. Nuestra profesión exige eso: el día que no lo miren a uno, dejamos de ser populares... pero, es que esta chica, muy bonita, muy dulce y muy cariñosa, me miraba en una forma demasiado insistente... Yo, que estoy en la juventud de mi vejez, me dije para mí: «He levantado tremendo pollo... Perdóname, Señor, cualquier mal pensamiento pero, tú creaste a la mujer para ser admirada y, yo,... no estoy comiendo ninguna manzana, sino un «sangüichito»...».

Estaba en este monólogo íntimo, cuando, la encantadora joven se acercó a mí, con una sonrisa que le roncaba la «peineta» (la Mona Lisa era una enana al lado de esta sonrisa cubana, con sabor a melado de caña). Se me acercó la linda chiquilla diciéndome, con voz entrecortada y, lindo contraste, los ojos húmedos a punto de salir una lágrima infinita, me pregunta: «Perdóneme... pero... ¿usted es Machito...?» Yo le contesté, medio picado: «Señorita... yo era Machito... Ahora soy Machazo». Enseguida la linda mujer se disculpó, medio cortada, diciendo: «¡Ay! Yo quise decir si usted era «Machito», el de «Los Tres Villalobos»... Yo acabo de llegar de Cuba y me emocioné mucho al verle... Discúlpame... yo soy de Sagua la Grande... era maestra en Cuba y escuchábamos su programa...». «La entiendo señorita, sólo quise bromear con usted».

Desde entonces nació una gran amistad entre la jovencita y yo... Su nombre es Edith... yo la bauticé: «Gacela»... Siempre me lució una linda gacelita. A ti, amiga, dedico esta anécdota que sé que recuerdas como el principio de nuestra amistad. Firmando: «Machito» Villalobos, para servir a Dios y a ti.

Cultura

Cultura es poesía de la conducta
y música del espíritu,
según la fe del cristianismo.

J. Vasconcelos

Homero Pérez quería ser culto, leía, se atragantaba de libros. Se aprendía poesías, largas, larguísimas. Se compró un diccionario de frases célebres. Y las citaba en sus conversaciones, pero en el idioma original. Así tenía más impacto su conversación. Era de esa forma que «apantallaba» más. Y ya los intelectualoides lo admitían en su círculo. Cuando Homero hablaba callaban todos. Lo escuchaban con unción religiosa. Y al terminar sus tertulias cada quien hacía sus comentarios: «¡Qué bárbaro, cómo sabe!». «¿Oíste la cita que hizo del latín?». «No; y también dijo unas palabras del francés». «Ese hombre tiene un gran mérito». «Su cultura es envidiable».

Homero quería ser culto y lo estaba logrando. Ya sus amigos lo citaban a todos los actos donde se bebía cultura. ¡Homero quería ser culto! Y lo había logrado. Tenía méritos. Su dedicación, esfuerzos y sacrificios ya le rendían dividendos. Ya daba conferencias y hasta le consultaban sobre libros y sobre versos. Su opinión pesaba.

Un día Homero enfermó y se puso grave.

Sus amigos y compañeros de peña fueron a verlo los primeros días y le visitaban con alguna frecuencia. Pero la enfermedad se alargaba y... no había tiempo de ir a ver a Homero. Usted sabe: las conferencias, la exposición, los seminarios...

Homero se quedó solo. Quien iba todos los días era un pobre curita a hablar con él. Homero se sintió defraudado. ¿Y sus amigos? ¿Su peña literaria? Fue entristeciendo y agravándose hasta que... lo perdimos.

Se nos fue Homero; modelo de autodidacta. Ejemplo de hombre esforzado. El mejor orador del pueblo. Lo sabía todo. Podía discutir de todo. Su mamá, una viejecita octogenaria, analfabeta y primitiva le enseñó el credo un día antes de morir porque claro… ¡Homero quería ser culto!

Roberto Cabanelas

Hoy es 17 de septiembre de 1977... Son las nueve y media de la noche... Acabo de venir de la misa que ofrecieron por el alma de mi amigo Roberto Cabanelas. Mi amigo Roberto era una verdadera estrella en el arte gastronómico... era el dueño del restaurant «La Roca», que estaba en la esquina de C.M.Q. y el que yo vi construir... Al salir al destierro, Roberto Cabanelas se fue con sus hermanos, Manolo y Armando, a Puerto Rico y en ese hospitalario lugar hicieron otro restaurant de lujo... Le pusieron por nombre «La Zaragozana» y Roberto volvió a triunfar. Edificó en el viejo San Juan uno de los mejores restaurants de Puerto Rico... Yo fui de Cuba a Puerto Rico porque Roberto Cabanelas, fue quien me entusiasmó... Él fue el primero que me habló de «la islita Corazón», como yo la bauticé. Después de varios intentos por salir de Cuba, Roberto almorzando un día en «La Roca», me dijo: «Por qué no te vas a Puerto Rico? Allá mis hermanos y yo tenemos un restaurant y nos defendemos. Por lo menos allá tendrás la mejor comida del lugar... Tú sabes que mi casa es la tuya y en mi restaurant tienes lo que quieras...». Y, me fui a Puerto Rico entusiasmado por Roberto Cabanelas.

Allá tenía yo buenos amigos: Mirta Silva, Bobby Capó, Rafael Hernández. También por aquel entonces estaba empezando a triunfar Gaspar Pumarejo. La amistad de Roberto y mía data de cuando ambos éramos *teenagers*... Roberto y yo empezamos a dar nuestros primeros pasos, cada uno en su campo: Roberto era en aquel entonces «mochila» del Restaurant Suizo, en Cuba... y teníamos nuestra «pandilla», nuestra «raza», como le dicen en México... «el elemento del bronce» como le llamábamos en Cuba: Manolo Prado, portero del teatro Encanto (fallecido); NikoLuhrsen, trabajaba en el teatro Alcázar (fallecido), Domingo Borges, tenía una botica, hermano de Max Borges, aquí en Miami... en fin... éramos los «muchachos» de aquella inolvidable época, cuando el Dr. Bucelo era Campeón Juvenil de Ajedrez en Cuba... Linda época de nuestra juventud de antier, cuando «nos colábamos» gratis en Fausto (¿te acuerdas Manolo Alonso?; en el teatro Encanto, en el Alcázar, etc., etc. A veces íbamos a buscar a Roberto al Restaurant Suizo y él nos traía algún *cheese cake*, pastelitos y pasábamos la madrugada en el muro del malecón, haciendo «cuentos de relajo» y contándonos nuestras maldades... Yo iba a comer con Normita a «La Roca» y la amplia sonrisa del mejor *host* del mundo me recibía con sus guantes blancos en la puerta: «Ya sabía que tú venías —me decía Roberto— y yo mismo te voy a preparar lo que te gusta: Chateaubriand con salsa biarnesa...». «No... pero es muy grande Roberto...». «No importa, lo comemos tú y yo». «A Normita le damos su *baby* filete». Y aquel bueno me preparaba el Chateaubriand... y comíamos los tres, «el Gordo», Normita y yo... Nos traía el mejor vino de casa... un flan exquisito y... mi café con leche... Al terminar le decía al camarero: «No le quites el pan que le queda en la cesta porque se indigna y no te da propina... Él siempre lo reserva para el café con leche».

La más elocuente anécdota de Roberto Cabanelas es esta: Por los años 56 ó 57 yo estaba produciendo dos películas en Cuba con México y el Sindicato de Técnicos de Cine. Tenía como sesenta artistas en locación y había que darle de comer a todos, sin que salieran del lugar donde filmábamos.

Era grave el problema y muy caro... Fui a ver al «Gordo»: «Chico, tengo que darle a sesenta artistas almuerzo... no tengo quién me lleve la comida donde estamos filmando y los que pueden llevarla cobran muy caro... se me ha ocurrido filmar las escenas que tengo de restaurant aquí... Yo filmaré la entrada de tu restaurant, con el letrero de «La Roca» y todo... ¿podríamos hacer ese negocio?» Respondiéndome el Gordo Cabanelas: «Mira, menos sábados y domingos «La Roca» es tuya, después de las doce... filma aquí... que los artistas coman aquí y yo te llevaré las sesenta cajitas de comida a donde tú me digas... avísame un día antes donde estarás filmando»... Sin darle la menor importancia el «Gordo» Cabanelas se convirtió en productor asociado, solucionándonos la comida en el escenario del restaurant... sesenta cajitas diarias y el restaurant «La Roca». «Además —me dijo Roberto— si quieres sacas el letrero de «La Roca», sino es igual, los amigos son los amigos». Por supuesto el letrero lumínico de «La Roca» salió en las dos películas... Salió Roberto y salió hasta el gato... ¡Los amigos son los amigos!

Ese era Roberto Cabanelas: Generoso... sonriente... cordial... artista... pero sobre todas las cosas... su mejor título: ¡un gran amigo! Descansa en paz gordo hermano... Ahora sí van a saber en el cielo lo que es comer bien... ¡Sobre todo un bisté *Chateaubriand* con salsa b*iarnesa*! Espérame Allá Arriba, Gordo Bueno... y ponte tus guantes blancos, será la mejor bienvenida que tendré si Dios quiere tenerme a tu lado.

Miami, 1977

Esas manos cubanas que tanto te aplaudieron...
(Carta abierta al artista cubano en el exilio)

Querido Hermano:

No sé cuál será tu pensamiento... Pero lo adivino. Estás lejos de Cuba. Has salido de tu patria con dolor lacerándote el alma; has dejado a tu pueblo sumido en el hambre, el miedo, la desesperación... Tu público, al que ayer entretenías con tu arte, llora hoy lágrimas de sangre.

Tu público, las manos cubanas que tanto te aplaudieron, se tuercen ahora en gesto de súplica, elevando un ruego a Dios. Otras, se aprietan impotentes, en sordo grito de protesta... Muchas yacen yertas y frías, porque no pudieron resistir tanto dolor. Esas manos cubanas que tanto te aplaudieron, se alargan hacia ti, artista amigo, pidiéndote ayuda... rogándote no los abandones ahora... suplicándote no te olvides de ellos... implorándote les tiendas las tuyas, ¡que están libres! Que ayudes a levantarlos porque los tienen hincados de rodillas y no los dejan erguirse. ¡Así tiene a tu pueblo las bayonetas rojas!

Tú, artista cubano, tienes un deber de honor con tu pueblo. ¡Ese es tu público! Ellos te dieron nombre, fama, fortuna. Ese pueblo que ahora sufre, es tu público, que esperaba por ti en los pasillos de las emisoras, solicitando tu firma... Tu público que acudía a verte a los teatros para elogiar tu labor. Ese mismo público es tu pueblo que ahora sufre, llora, se muere de hambre y miedo. Ese pueblo se siente solo. Tú, artista cubano, estás fuera de tu país y no puedes verlo, pero lo sabes... lo sufres, por eso te dolió tanto dejar Cuba, tu pobre caimancito herido por la bestia roja.

Artista cubano: hay muchas cosas que te atan a tu tierra... Muchos recuerdos gratos que no has podido borrar de tu mente: la primera carta que recibiste de tu admiradora del campo... Tu primer programa... Tu primera aparición en público... ¡muchas cosas te amarran a tu patria! Y aunque ahora tengas otros aplausos, aunque goces del favor del público, no es lo mismo. Los aplausos sonaran igual... pero éstos, inevitablemente, te recuerdan aquellas manos cubanas que tanto te aplaudían. ¡Ellos te lo dieron todo y ellos necesitan de ti ahora! Quieren saber que su ídolo, su artista favorito está pensando en ellos; que ahora han trocado el autógrafo por la libreta de racionamiento... que ahora tienen que aplaudir a quien no quieren, porque de no hacerlo les espera el paredón.

¡ARTISTA CUBANO! Hermano de sangre y profesión! Nos están pidiendo AHORA nuestra mejor actuación. ¡Y tenemos que hacerla! Ese público te pide que salgas a la escena interpretando tu mejor papel: ¡el de patriota! Y debes poner en él toda tu alma... toda tu fibra de artista... toda tu talla de hombre... ¡Todo tu coraje de CUBANO! Artista hermano: haz algo por Cuba que te dio fama y AHORA te pide ayuda. ¡Escribe en la prensa! ¡Habla por radio! ¡Comparece en Televisión! Que los mismos medios que sirvieron para hacerte popular, sean tu tribuna para gritar el mundo el dolor de tu pueblo. Usa tu nombre, tu prestigio, tu popularidad, para avalar con ellos tu libre opinión de cristiano y demócrata. Dile al mundo la verdad de Cuba. No permanezcas insensible, callado, indiferente. El pueblo que te dio lo que ahora tienes, tu pobre Cuba, sufre, llora, se muere de hambre y de miedo, lo tienen hincado de rodillas con el rifle comunista pegado a la frente. ¡La Bestia Roja quiere aniquilarlo! Y Cuba espera por ti... ¡esas manos cubanas que tanto te aplaudieron TE ESTÁN LLAMANDO A ESCENA! Sal a trabajar. Actúa, como tu mejor personaje: el de CUBANO. ¿No oyes sus aplausos? Ellos te llaman en grito sordo de angustia y desesperación. Respóndeles ¡PRESENTE! Porque el aplauso languidece, decae... está a punto de cesar, y es que no pueden aplaudirte más; están extenuados por el HAMBRE y EL TERROR.

ARTISTA CUBANO, hermano de sangre y profesión… ¡no podemos defraudar a un pueblo! Es Cuba, nuestra patria, quien nos llama. Y Cuba, nuestro pueblo, debe saber que ESTAMOS LISTOS para salir a actuar. Hagamos la señal de la Cruz, como siempre acostumbramos antes de empezar a trabajar y demos nosotros mismos la voz que esperan. ¡ARRIBA EL TELÓN! ¡EL ARTISTA CUBANO sale al ESCENARIO DE LA DEMOCRACIA a trabajar para su pueblo, gritándole al mundo el dolor de Cuba, movilizando a otros públicos para que la ZARPA ROJA no vuelva a hundir su traidora garra en la carne noble de nuestra AMÉRICA. ¡Así respondemos a nuestro pueblo! ¡Volveremos a actuar para esas manos cubanas que tanto nos aplaudieron sabiendo que a ellos se unirá el aplauso de todo un continente: los pueblos libres, cristianos y demócratas de nuestra AMÉRICA INMORTAL!

Mi palabra que no he muerto
(Grabado para transmitir a Cuba)

Pueblo Cubano:

Les habla Jesús Alvariño, desde Puerto Rico, donde comparto el exilio con muchos artistas cubanos que, igual que yo, sufren el dolor de Cuba.

Últimamente se han acercado a mí gran cantidad de cubanos que residen en Puerto Rico, mostrándome cartas de familiares que indagan por mi repentina muerte.

La CMQ ROJA dio la noticia de mi fallecimiento. En la Prensa cubana apareció una esquela con mi nombre.... y, familiares míos preguntan por mi súbito deceso... Ese es el motivo de mis palabras a los amigos de Cuba. Es realmente una oportunidad magnífica que me brindan los comunistas, especialistas en difundir falsos rumores, para hablarle a mi pueblo y dirigirme a mis amigos que ayer escuchaban TAMAKÚN, también «LOS TRES VILLALOBOS» y veían por televisión «LA TABERNA DE PEDRO» (cerrada hoy provisionalmente), y tantos otros programas que hemos hecho en la Cuba Libre de antes... Al hablarle a los cubanos, que sienten en su carne el dolor de nuestra Cuba, herida hoy por la traición incalificable de Kastro y sus hordas rojas, quiero llevarles un mensaje de aliento y esperanza; un mensaje cariñoso y optimista de seguridad futura —muy próxima— en la Cuba Libre que todos soñamos.... ¡No, cubanos! ¡Mentira...! Mi palabra que no he muerto. Como tampoco morirá nuestra Patria herida, a quien pretenden matar de HAMBRE Y MIEDO los comunistas... Con la firme convicción de quien lucha por verla libre y con la seguridad absoluta de quien volverá a su Patria a plantar en Cuba la Bandera de la Risa y la Alegría —hoy a media asta, en señal de duelo— les envío este mensaje de esperanza y FE... Nuestro entrañable amigo FEDERICO PIÑERO, MURIÓ. En el exilio, fusilado en el paredón moral a donde Kastro lo enviara... Y con la muerte del «gallego» PIÑERO probó FIDEL KASTRO que no sólo quería matar la Risa, sino a quienes la producían... Por eso, sobre el cadáver de un Inmortal del Arte Cubano, FEDERICO PIÑERO, hemos jurado los artistas en el exilio, que regresaremos a nuestra Patria, para verla reír como antes...!

Cierto día... hace más de un año, en la CMQ de ayer, dijo Fidel Kastro: «*Los artistas se quedarán en Cuba... porque a los artistas los quiere el pueblo... y el pueblo quiere a la Revolución...*». Y los artistas contestamos a esas palabras de Kastro, saliendo del país en masa; porque los artistas cubanos no PUEDEN TRAICIONAR A UN PUEBLO que les dio nombre y fama con sus aplausos... Los artistas cubanos no quisimos ver llorar a Cuba. Y los artistas cubanos, que Kastro quiso que se quedaran haciéndole el juego a su infame traición ESTAMOS TRABAJANDO fuera de Cuba por liberar a nuestra tierra... ¡Regresaremos pronto! ¡Y Cuba volverá a ser feliz! Y habrá un teatro en La Habana que llevará el nombre glorioso de nuestro primer mártir: ¡FEDERICO PIÑERO!, sustituyendo a los nombres de comunistas indeseables con que los han bautizado ahora...

Pueblo de Cuba: ¡Mi palabra que no he muerto! ¡Estoy vivo, luchando con todas las fuerzas de mi alma por liberar a mi Patria que sufre! ESTOY VIVO, manteniendo la fe inquebrantable en un pueblo que sobrevivirá a las heridas comunistas, que pretenden esclavizar a América. ESTOY VIVO... como está viva la conciencia del cubano DENTRO Y FUERA de Cuba, formando un bloque monolítico de UNIÓN para reconstruir nuestra bandera; AZUL, como el cielo de nuestra Cuba; ROJA, como al sangre que habremos de derramar, para verla libre y... BLANCA, como la pureza de ideales que habrá en la CUBA NUEVA que legaremos a nuestros hijos... y volverá a brillar entonces nuestra ESTRELLA SOLITARIA, que como la de Belén, señalará el camino, hacia el nacimiento de una Patria Nueva: ¡SOBERANA! ¡LIBRE! ¡INDEPENDIENTE!

Nuestra Patria no puede morir! CUBA resurgirá combatiendo las Hordas Rojas que pretenden desangrarla. Nuestra CUBA seguirá siendo como América... ¡INMORTAL!

Por mi parte... mi palabra, que no he muerto. No tengo tiempo de morirme ahora... ¡Hay que seguir luchando para liberar a Cuba!

Y con el lema de un personaje de leyenda que animé en la radio de ayer, volveremos pronto a Cuba: ¡DONDE EL DOLOR **DESGARRA**...!¡DONDE LA MALDAD **IMPERA**... DONDE LA MISERIA **OPRIME**... Allí estaremos ¡los ARTISTAS CUBANOS...!

¡Hasta entonces!

La Muerte, ¡Gallego…!

ALBERTO GARRIDO se nos fue tres días antes de cumplirse un aniversario más del mutis de FEDERICO PIÑERO.

La noticia cayó en todo el exilio cubano como una bomba… El otro grande del teatro cubano. ¡El incomparable negrito GARRIDO ha muerto! También en Miami —en un duro exilio— Alberto Garrido ha pasado a mejor vida. Igual que su compañero en la escena murió en el destierro, triste, añorando a Cuba, su lejana patria que le dio fama y fortuna… Su isla cautiva, a la que hizo reír tanto tiempo y que ahora llora lágrimas de sangre. ¡Un golpe muy duro en el corazón de todos los cubanos que debemos tantas horas de alegría al negrito Garrido! Cada frase de Garrido quedaba impregnada en el ambiente popular, y se grababa en Cuba formando parte de la conversación de la calle en todo momento. Y es que Alberto Garrido era un pedazo de Cuba misma… Era parte de nuestra historia popular… Igual que su pareja Federico Piñero formó parte del arte nacional en todos los medios y en primera línea. Primero en el teatro, con las inolvidables temporadas del Martí… Después en la radio, en sus famosas charlas después del almuerzo… En la televisión GARRIDO y PIÑERO eran sinónimos de rating, de público… De grandes masas que reían con la gracia inigualable del «negrito» Garrido y el contraste de su víctima «el gallego» Piñero.

Fuimos amigos íntimos de Alberto y los que lo conocimos de cerca podemos afirmar que la gracia de Alberto era única, genuina, provocaba la carcajada de todos por igual. Aún de nosotros que estábamos a diario junto con el negrito Garrido. De esto pueden dar fe Tito Hernández, Echegoyen, Rolando Ochoa, Álvarez Guedes y el que escribe. Las bromas de Alberto eran «sui géneris». Hacía las cosas más sensacionales que imaginarse puedan. Y nadie se podía poner bravo porque el ingenio de las bromas de Alberto estaba por encima del mal rato que hacía pasar a sus víctimas.

Alberto era un devoto ferviente de la Virgen de la Caridad del Cobre y todos los años invitaba a sus íntimos a celebrar la fiesta de la Caridad... Era tradicional en quienes éramos amigos de Alberto pasar por su casa, aunque fuera un rato a celebrar con él la fiesta de Cachita. Una noche, ya avanzada la madrugada, se le ocurrió darle una broma a Echegoyen. En combinación con su esposa Rebeca, que le servía de «contrafigura» y los que estábamos con él fuimos a despertar a Luis Echegoyen a su residencia. ... Le tocamos la puerta, con el natural sobresalto del actor, explicándole que Alberto estaba borracho perdido y que había insistido en que lo lleváramos a su casa... Pero lo peligroso es que estaba armado. Portaba un revólver 38, cargado... Luis abrió la puerta y se llevó tremendo susto al ver que Garrido le caía en brazos, en medio del sobresalto de todos con el revólver en la mano y balbuceando en medio de una espantosa borrachera: «Yo quiero dormir contigo, Luis... ¡Y Rebeca no me deja...! dile que me suelten, Echegoyen».

Mientras decía esto, su esposa lo aguantaba firmemente, rogándole: «¡Alberto, por favor, que se te va a ir un tiro!» Echegoyen sudaba a mares. Estaba en payama, con los pies en el suelo... Ochoa y varios más aguantábamos a Alberto que no cesaba de gritar, a las cuatro de la madrugada de un 8 de Septiembre: «¡Yo quiero dormir contigo, Luis...!». La escena era de espanto; Luis Echegoyen no sabía qué hacer... Y balbuceaba apenado al ver a su compañero en ese estado de embriaguez: «Déjenlo, déjenlo, pero quítenle el arma, por favor...». Alberto caía en los brazos de Luis y no lo soltaba... Echegoyen no sabía qué hacer... El revólver le apuntaba a veces, a la cabeza; Luis lo evadía... Estaba pálido... Rebeca, la esposa de Alberto, gritaba: «¡Cuidado Alberto, que lo matas!». Rolando Ochoa trataba de contener a Alberto que se caía sobre Luis, con el ritornelo: «¡Yo quiero dormir contigo, Luis...! ¡Que me dejen en tu casa!». Por último, yo me puse en carácter, simulando por supuesto. La actuación de Alberto no se hizo esperar. Le dije: «Garrido, basta ya, estás borracho… ¡Vas a matar a Luis, sin querer! ¡Dame ese revólver…!». Y Alberto para enfatizar la seriedad de su actuación me miró con los ojos vidriosos y soltando a Luis saltó sobre mí, sonándome una soberana bofetada que me dejó sin habla. Él me miraba y tratando de contener la risa me decía bajito: «Aguanta, Alvariño, que esto es una broma… ¡Fíjate en los ojos de Luis…!». Ahí no pude más y me eché a reír a carcajadas ante la mirada atónita de Echegoyen… ¡Todos se rieron! La broma había terminado. Alberto se enderezó y guardando su natural compostura, le dijo a Echegoyen: «Deja, chico… Me voy, ya no quiero dormir contigo… Y quédate con el revólver, para tu hijo…». Luis miraba el revólver. Era de «mentiritas». Así era Alberto. Llevaba las bromas hasta lo último… Y era tan ingenioso en sus ocurrencias… Tan sinceras sus actuaciones… Que nadie se podía poner bravo con él…

Federico no se hallaría sin su compañero en el más allá… Le faltaba su pareja… Y Garrido, fiel a la tradición teatral, no quiso romperla por mucho tiempo… Llegaría al cielo y parándose frente a Federico con su figura desgarbada y graciosa, nos parece escuchar este diálogo:

—¡Al fin juntos…! Es ¡la muerte, gallego! Yo no podía dejarte solo mucho tiempo… ¿Sabes por qué…?

Preguntaría Piñero, con las cejas enarcadas de desconfianza:

—¿Por qué, señor…?

Y Alberto con esa carcajada tan suya cuando hacía una maldad, le contestó:

—Porque ¡yo soy un «bicho»…!

Quisqueya: Tamakún, te abraza

Acabo de llegar de Santo Domingo...

Estoy en Puerto Rico, donde vivo desde hace cuatro años y disfruto del cariño y hospitalidad de esta linda tierra borincana.

He regresado de Santo Domingo, lleno de amor; de sonrisas de cariño; de comprensión, de sincera y fraternal amistad antillana. Y tengo que sentarme a la maquinilla a hacer patente mi gratitud a un pueblo que sabe amar; entregar su risa al viajero que llega y darse por entero a quien pisa su tierra...

Fui a Santo Domingo a gestionar mi residencia americana. Solamente estuve en la Reliquia de América cuarentiocho horas... Y me llevé de ese pueblo... cuatro siglos de historia y una eternidad de amor. Me emociono al contarlo, pero debo hacerlo, para que quede escrito mi eterno agradecimiento al saberme tan querido por ese lindo pueblo donde hacen una profesión de los postulados cristianos: «ama a tu prójimo como a ti mismo...».

Mi primer contacto humano fue en el Aeropuerto. Al llegar, mi esposa y yo, el Inspector Tejeda, (recuerdo su nombre) leyó en mi pasaporte y he aquí el diálogo...

—Alvariño... Jesús, ¿Jesús Alvariño? ¿Usted no es Tamakún?

—En efecto yo...

No me dejó terminar. Su sonrisa blanca y amplia me dio la bienvenida a Santo Domingo.

—Tenga su pasaporte. Y ojalá que quede aquí. En Santo Domingo lo queremos mucho a través de su personaje Tamakún... ¡Si llega a venir en otra época y se postula para Presidente, sale seguro!

¡Seguro! ¡Bienvenido a Santo Domingo!

Mi esposa y yo nos miramos. Le sonreímos complacidos y estrechando su mano nos alejamos del aeropuerto.

Afuera nos esperaba Luis Newman, conocido artista y gran amigo que nos venía a recibir... De Luis no digo nada. Santo Domingo lo conoce y quiere como a uno de sus hijos predilectos. Digno exponente dominicano; Embajador hospitalario y cordial y sonriente humanidad... Al llegar al Consulado americano, en Santo Domingo para llenar los requisitos necesarios mi primer encuentro fue con la cajera de ese lugar. Lee mi pasaporte. Igual que el Inspector.

—Perdone, ¿pero usted es... Tamakún?

—Bueno, señorita yo... era Tamakún. Han pasado muchos años y ahora soy...

—No diga eso Alvariño... Usted sigue siendo querido por nosotros... Tamakún, el Vengador Errante... Es el programa que más se oía en Santo Domingo... ¡Bienvenido a mi patria!

¡Otro corrientazo de amor...! Otra emoción para mí... y para Normita, mi esposa...

—Usted es Normita Suárez, la esposa de Alvariño... La oíamos mucho en sus programas... Y siempre veíamos su película «Romance musical»... Tiene grandes simpatías en Santo Domingo.

Después vino Milfred Fermín, porque Lilian Espinal le había dicho que éramos visita del Consulado. Milfred me hizo hablar como el personaje que ella escuchaba siempre en la radio. Le hice como Tamakún... Llamó a las demás... Las lindas empleadas del Consulado dejaron su trabajo. Vinieron a vernos. A mi esposa y a mí... Nos colmaron de atenciones... de sonrisas de cariño... Sentimos todos el calor de la linda tierra dominicana. Por unos momentos, mientras duró nuestra presencia en el Consulado, ese recinto, rutinario y frío, se tornó en un lugar acogedor y fraternal. Hasta el Vice-Cónsul Mr. Landberg, se contagió con las chicas y nos preguntó por qué se producían en esa forma hacia nosotros. Le expliqué... Y lo entendió. El americano bueno fue testigo presencial del calor latino, amoroso y sincero, de un pueblo que sabe amar y no tiene reparos en entregarse cariñoso y sonriente.

Después, fueron muchas más las muestras de cariño que recibimos en Santo Domingo... Grecia, la secretaria del doctor Brea... La otra joven secretaria del doctor Campagna, cuyo nombre lamento no recordar...

En fin, no quiero extender esto para que no se piense que quiero halagar mi vanidad... No pretendo eso... Y Dios lo sabe.

Estas líneas sólo intentan llevar un saludo cariñoso y sincero al pueblo dominicano, de quien fui huésped por unas horas... Y como quieren tanto a Tamakún, les prometo volver, gozar más tiempo de vuestra fraternal sonrisa y espontáneo cariño. Y en nombre del personaje que animé durante tanto tiempo, debo cerrar estas líneas de sincera gratitud, y profundamente emocionado, decirles, con la voz trémula del recordado Príncipe Hindú, quien por primera vez, vio rodar una lágrima por sus mejillas, al sentir el amoroso testimonio antillano de la tierra de Máximo Gómez, que por breves horas me hizo recordar mi patria herida: ¡Quisqueya... Tamakún te abraza...!

A los que se fueron

Estas líneas van dedicadas a mis amigos de ayer… compañeros de trabajo; gente que vivió conmigo; parientes cercanos o lejanos. A unos se los llevó el Señor, fuera de mi país. Otros cayeron dentro de Cuba. A todos sin excepción quiero ofrecerles un emocionado recuerdo. Ofrecerles una oración. Por lo general en estas fechas de fin de año; en estos días de fiesta los muertos cuentan poco y hasta cierto punto es humano, aunque no cristiano. Entonces, egoístamente a mí se me ocurre pensar en ellos. En los que se fueron. En los que un día como hoy estaban con nosotros viviendo la emoción de un Nuevo Año. Esperando días mejores, aspirando igual que nosotros a cosas más gratas. Y riendo con sus alegrías justas o haciendo planes para el futuro. Sólo que no pudieron ver sus planes cumplidos porque el Señor dispuso que terminaran su tránsito aquí e hicieron el mutis final.

Por ejemplo se me ocurre pensar hoy en el «gallego» Otero, se llamaba y trabajó mucho a nuestro lado. Y hablo de él porque ustedes lo conocen o por lo menos lo han escuchado: es el «Rudesindo» de La Tremenda Corte. El gracioso español que aún después de muerto sigue haciendo reír a través de las grabaciones de ese espectáculo que se transmite en distintos lugares de habla hispana con el mismo éxito. El «gallego» Otero murió en forma extraordinaria. Visitando la funeraria donde estaba tendido de cuerpo presente otro grande del teatro cubano: Julio Díaz. Otero era gran amigo de Julito y había hecho largas temporadas en México con magnífico éxito. Bromista siempre, cuando se enteró de la muerte de Julito nos dijo muy serio: «Voy a la funeraria a estar un rato con Julito Díaz… ¿Julito? —le dije asombrado— pero acaso… ¡Sí, el pobre, «entró en órbita»!». Esa era la forma de Otero de informarnos que Julito Díaz había muerto.

Y así, fue a la funeraria donde estaba Julito Díaz. Estando ahí Adolfo Otero, sintió un fuerte dolor. Y murió instantáneamente. Fue tendido al lado de su compañero de arte. Qué lejos estaba «El gallego Otero» de que también él iba a «entrar en órbita» junto con su amigo de siempre.

Al día siguiente en nuestro programa de radio de C.M.Q. le hablamos al público asistente al estudio de la muerte del «gallego Otero». Y en vez de pedirle el clásico «minuto de silencio» les dijimos a los asistentes al estudio que «el gran artista cubano Adolfo Otero había hecho su último mutis y como era costumbre en el teatro debíamos dedicarle «un minuto de aplausos» subrayando la salida del mundo de un gran actor cómico».

El público emocionado se puso de pie y estuvo aplaudiendo un largo rato; más de un minuto. Y nosotros pensamos que donde quiera que estuviera el «gallego Otero» estaría contento. Que un actor muera y aplaudan su salida del mundo tiene que ser motivo de alegría para el que se fue. Su último mutis fue aplaudido por las gentes. Y nos imaginamos a Otero, saludando sonriente y orgulloso.

A mis amigos artistas; a los parientes lejanos o cercanos. A todos los que ayer conocimos y a los que no conocimos también. En fin, vayan estas líneas, escritas el último día del Año 1967, dedicadas a... todos «los que se fueron». Dios los tenga a su lado. Por lo menos alguien los recuerda con ese deseo. Y no creo que el Señor sea sordo a nuestro ruego, ni al de ustedes que leen esto que les hará recordar a alguien a quien quisieron.

Por ese «alguien» de vuestro afecto vaya la oración y estas letras dedicadas con amor a los que se fueron.

31 de Diciembre de 1967

Galería de Fotos

BODA RADIAL DE 1945. JESUS ALVARIÑO-NORMITA SUAREZ

Corte nupcial

Foto para entrevista celebrando el Día de las Madres

Acto circense con sus tres hijos

Normita Suárez y Jesús Alvariño
UNA PAREJA DE TRIUNFADORES

De alumno eminente del colegio de Belén a locutor de radio.—Una linda cantante de ocho años de edad.—Un actor genérico que todo lo intenta.—Nace una nueva actriz.—Un matrimonio que culmina en casi un acontecimiento nacional.—Proa constante hacia el futuro.

El único que osa amordazar a Alvariño, es Eduardito, el Benjamín de la casa.

Más que los padres, es Eduardito el que posa ante la cámara de Llanes.

ALTURAS del Nuevo Vedado. Allí se levanta una moderna residencia de dos plantas donde junto a sus tres hijitos, Lourdes, de seis años, Alberto de cinco y Eduardito de tres, Normita Suárez y Jesús Alvariño, el popularísimo matrimonio, viven una existencia próspera y feliz bendecida por el amor y multitud de exitosas labores artísticas.

Por mayoría de edad cedemos, en primera instancia, la palabra a Jesús Alvariño, el infable Pedro que, semanalmente y desde las pantallas del video, cunde de regocijo a multitud de admiradores. ¿Su comienzo artístico? A ciencia cierta fué casi un hecho imprevisto. Como alumno del colegio de Belén, poco se distinguió en el cuadro de artistas aficionados. La vena cómica le estaba reservada a su condiscípulo Armando Trelles, el que en la actualidad es el doctísimo Director del Colegio que lleva su nombre. Poco esperaba pues, en ese campo el joven Alvariño. Dirigió, pues, sus primeros pasos como locutor de radio.

Fué su prima Margot Alvariño la que intuyó desde los primeros instantes la vena artística que había de convertirlo al correr de los tiempos en uno de los actores cómicos más versátiles de Cuba. Entró así Jesús en el Cuadro de Comedias de Martha Martínez Casado, en calidad de actor genérico. Según propias palabras, "le entró a todos los tipos". Bien pronto hubo de distinguirse en diferentes y populares programas episódicos. Ya su nombre era justamente aplaudido cuando comenzó la televi-

(Continúa en la pág. 140)

Los cuentos truculentos que les Jesús Alvariño a la familia, suelen emocionar más a Normita que a Lourdes, Eduardito y Alberto.

Jesús practica judo con sus hijos

Las abuelas: Ma. Luisa Govantes madre de Jesús y Consuelo Calviño madre de Normita

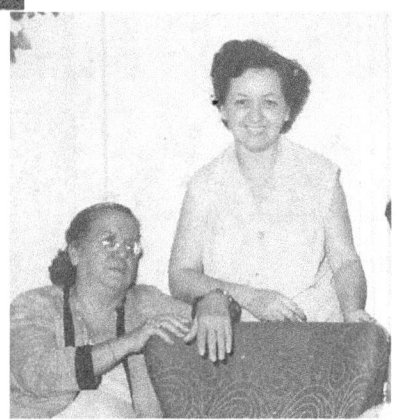

Con sus hijos varones Alberto y Eduardo en Puerto Rico

La familia se radica en Monterrey, N.L, México, esperando a Normita II, 1965

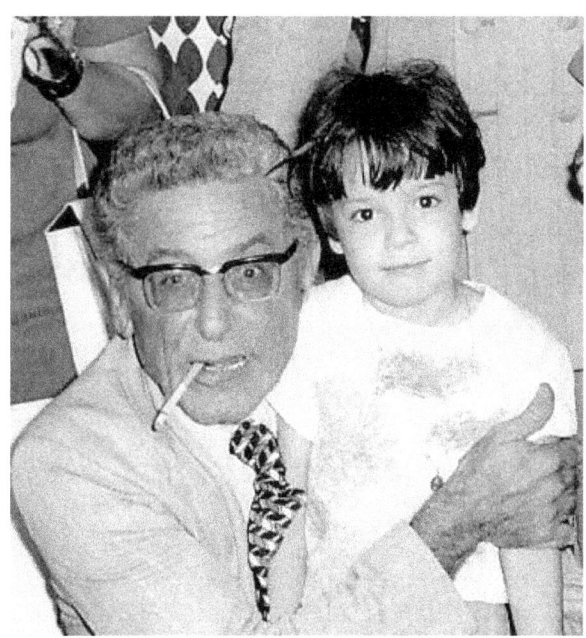

Fotos con Normita II

Desde Cuba y Puerto Rico la familia Alvariño ayudó al trabajo misionero de los jesuitas en Japón, a través del Padre Pedro Arrupe; sus hijos pequeños se dedicaban gustosos a la tarea de recortar los sellos de correo en la correspondencia que llegaba para enviárselos al Padre Arrupe. Con esta tarjeta y el cariñoso texto que se reproduce el Padre Arrupe le respondió a Eduardo, el menor de sus hijos.

El Padre Arrupe fue Provincial de los jesuitas en Japón y vivió la experiencia de la bomba atómica en Hiroshima. La comunidad jesuita ayudó a los heridos, con riesgo para sus vidas. En 1965 fue nombrado General de la Compañía de Jesús.

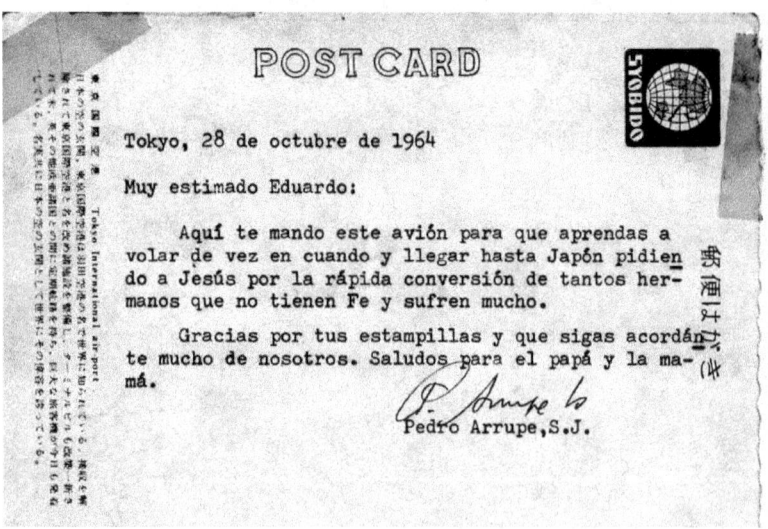

Los tres hijos mayores: Lourdes, Alberto y Eduardo, al frente, a quien el Padre Arrupe dirige la postal.

Grupo del aula. Normita en primera fila, tercera de izquierda a derecha

Hace treinta años en el 1939 en una función del Teatro Nacional aparecen en esta gráfica el magnate de la radio ya fallecido Miguel Gabriel, el escritor Arturo Liendo, José Antonio Alonso locutor de la C.M.Q. y a la entonces niña Normita Suárez (producto de la Corte Suprema) después de su interpretación de "El Churrero".

Ídolo infantil

Consagrada de niña en la radio con relevantes figuras de la época

Comercial de la muñeca Lilí

Normita Suárez, primerísima actriz de nuestra radio y televisión, que cuenta con la simpatía y el afecto de miles y miles de admiradores. Actualmente protagoniza, junto a Jorge Félix, el programa «Casos y Cosas de Casa» por el Canal 6 de C.M.Q. TV.

Con Jorge Félix en «Casos y cosas de casa»

En un coctel con Pedrito Rico

Doblando a Edith Piaf en televisión

Doblando a Lena Horne en televisión

Escena de «Jueves de Partagás»

Escena de «Jueves de Partagás»

Con Liz Taylor
en Nueva York

Película «Santo contra cerebro del mal», 1960

Normita y Braulio Castillo, Puerto Rico

Con Machuchal, Puerto Rico

Simplicia con Sergio Corona, Monterrey

Con Fernando Luján, Monterrey

Normita, directora escénica y actriz en la obra musical original de Pedro Román «Josephine». Aquí con Osvaldo Farrés su compositor y Manuel Ochoa director de la orquesta. Miami

Normita visitando a su fiel radio audiencia de las factorías en Miami junto al co-animador el apreciado locutor Ricardo Valladares

Zarzuela en Grateli, Miami

Con Raymundo Hidalgo Gato «El Super» dirigidos por Juan Pedro Somoza

Simplicia en situación, Miami

Casimira en sketch con Roblán como el Presidente Reagan

Normita Suárez y Jesús Alvariño. Trayectoria y legado

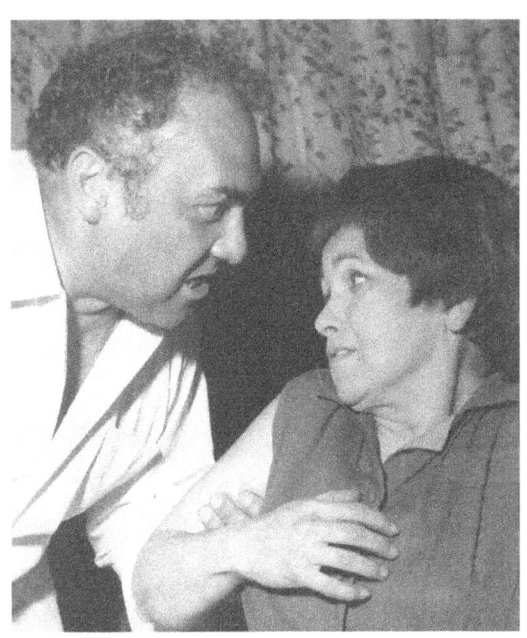

Escena dramática con Víctor Alcocer

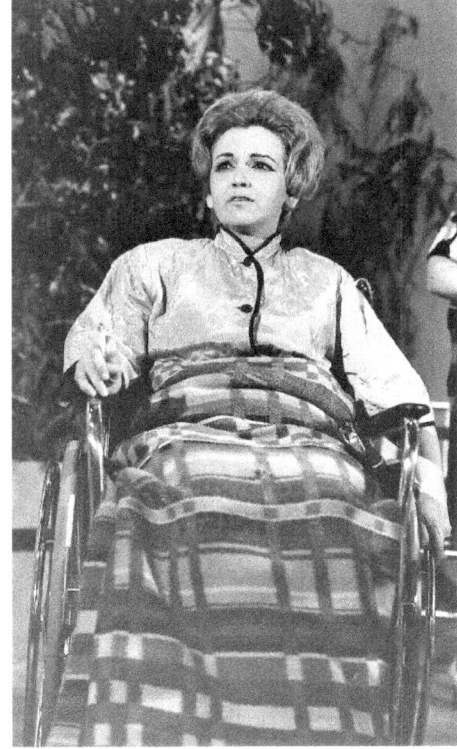

Papel de inválida en «Rutas del Destino»

En la película «The Miami Affair» como Simplicia (1977)

Afiche de la película «The Miami Affair»

Simplicia la secretaria

En el programa «Que Cosa Más Dura» con Evelio Taillacq

Normita Suárez y Jesús Alvariño. Trayectoria y legado

Con su padre frente a sus huellas en el memorial conmemorativo de la Academia de Luminarias de Bellas Artes, Hialeah, Fl, junio 1993

Modelo de publicidad

Jesús Alvariño

Esta popular figura del micrófono tiene un selecto historial radiofónico. Jesús Alvariño, ha compartido su arte a través del radio y el teatro.

Fué por el año de 1937, cuando este actor comenzó a destacar sus amplias facultades a través de innumerables ondas nacionales; siendo la CMBC "El Progreso Cubano", donde este polifacético actor, hizo su debut como locutor.

Con el correr de los días, en esta misma onda, se transformó en el actor de comedias del cuadro de Marta Martínez Casado, en carácter genérico.

También ha actuado con éxito en "Mr. Chan", "La Novela Radial", con Enriqueta Sierra; así como en los programas "Kresto" y en los dominicales de la RCA Víctor. Los mismos, fueron originados en la CMQ. Jesús Alvariño ha actuado en los principales teatros de la Habana, donde ha cosechado nutridos aplausos.

En la actualidad, este simpático actor, actúa en los episodios de "Manuel García" y "Chan Li Po", por cortesía de la firma Sabatés, e igualmente con gran éxito, en el cuadro radio-teatral de RHC-Cadena Azul.

Es además, figura destacadísima de "La Voz de la Calle" y "La Revista Llave del Aire", donde ofrece la nota sensacional de los "Cuentos Humorísticos" que han tenido una acogida asombrosa.

Jesús Alvariño es joven, laborioso y entusiasta; siempre hay en él una tonificante nota de buen humor.

Pertenece asimismo al staff de publicidad de "Sabatés, S. A.", donde realiza amplias labores diarias.

Es, en sí, un temperamento inquieto, de trato cordial y una de las figuras autorizadas de nuestros micrófonos...

En esta vieeeeja foto de enero de 1953, está el simpático Mario Galí, junto a un grupo bien exclusivo de maestros de la risa, como Julito Diaz, Alberto Garrido, Jesús Alvariño, Luis Echegoyen e Idalberlo Delgado, con la presencia del inteligente productor, Mario Cambó. La reunión que ustedes ven, tuvo lugar en un pequeño estudio para la lectura de libretos, en la recordada CMQ de Radiocentro, y fue convocada para entregar un pergamino a Idalberto Delgado, por «la hazaña de haber montado en bicicleta por primera vez...» Los que tuvimos el privilegio de disfrutar de aquella Cuba de ayer, no nos extrañamos de una broma inocente, aunque regocijante corno esta. Aún más, sí sabemos que este grupo formaba parte del «Club De Los Muchachones» (inspirado por Garrido, sieeempre de broma), cuya finalidad primordial era jugar a la quimbumbia, a las bolas, a los trompos, y tooodas esas actividades infantiles que se desvanecen cuando crecemos, Galí es el segundo de derecha a izquierda, en la foto, y el corro de cómicos acababa de terminar «El Gran Show de la Mañana», con excepción de Chicharito Garrido, que iba a ensayar «El Show de Garrido y Piñero», de la una de la tarde, ambos programas producidos y dirigidos por el siempre cordial Mario Cambó, En el «Club de los Muchachones», cada cual tenía su apelativo jocoso; Alvariño era «Onofre»... Garrido, «Formoyódico»... Idalberto, «Minguino»... Echegoyen, «Pellejo»... y Mayito Cambó, «Tantor»...

Despedida de soltero de Alvariño. Félix B. Caignet era enemigo de las fotos. Esta es una de las pocas que se hizo en su vida y es del año 1947 cuando ya «El Derecho de nacer» era un hit. ¿Dónde está Caignet? Se alejó del grupo que celebraba para que no lo retrataran. En la foto entre otros: Jesús Alvariño, Armando Couto, Santiago García Ortega, Arturo Liendo, Juan José Castellanos, Agustín Campos, Luis Echegoyen, Juan Mola y Rolando Leyva.

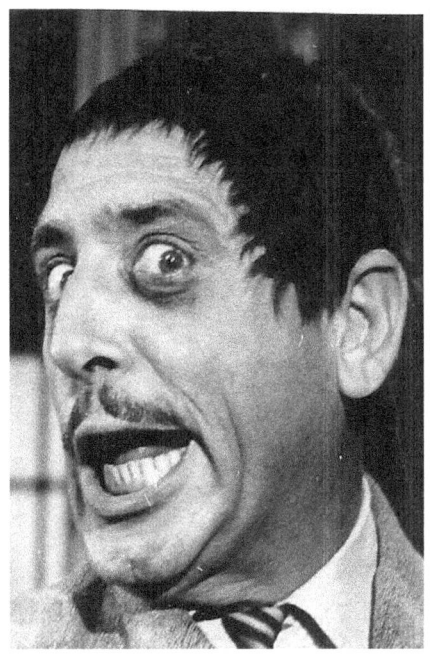
Pangacho Picardía

Machito Villalobos

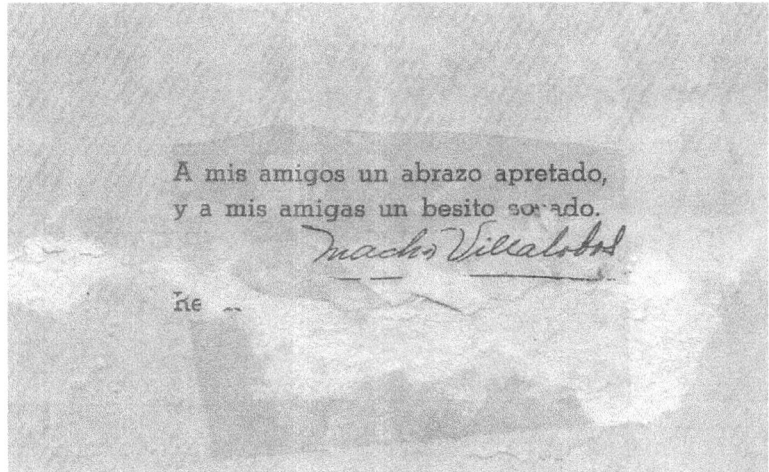
Dorso de la postal de Machito Villalobos con su firma

Los 3 Villalobos en los Carnavales con la bella actriz cubana Carmita Ignarra

Mamacusa y Pedro intercambiando roles

Con Bob Hope

Con Ricardo Montalván

Recibiendo a Mario Moreno en La Habana

Con José Mujica, tenor mexicano y actor de Hollywood, después de consagrase como sacerdote.

«Vodevil del jueves» radio en vivo con Echegoyen, RHC-Cadena Azul

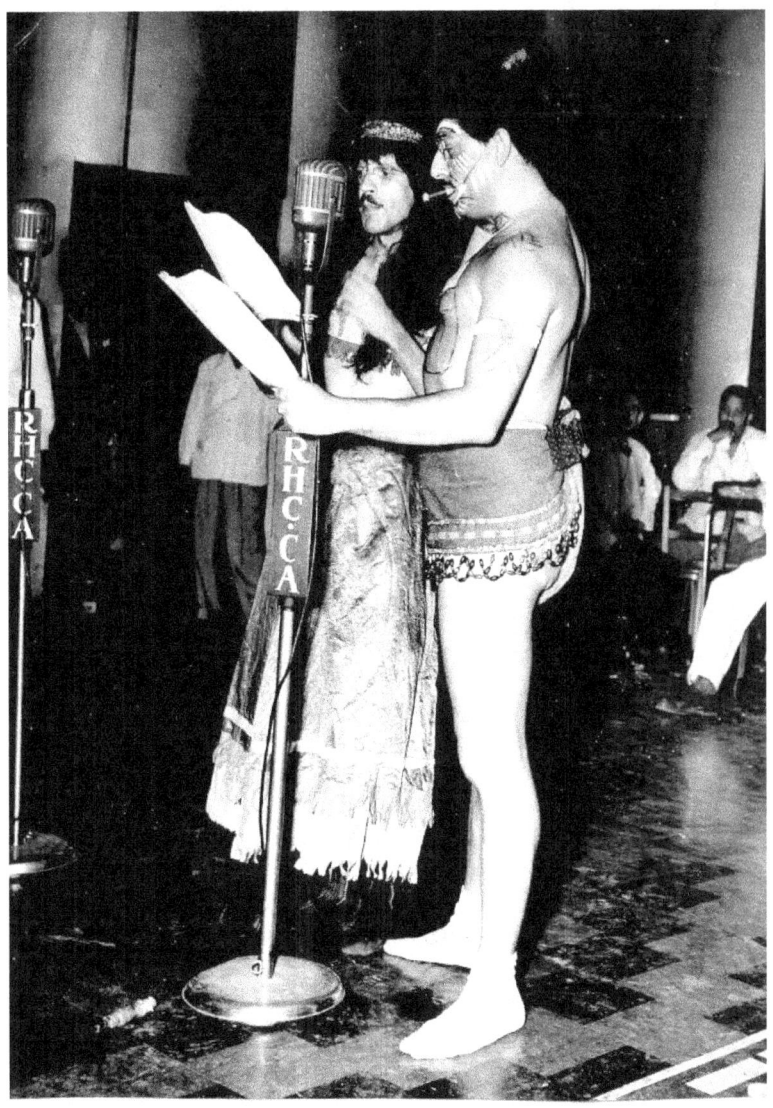

Radio con Echegoyen y público

Escenas de «La Taberna de Pedro»

Retrato de Pedro

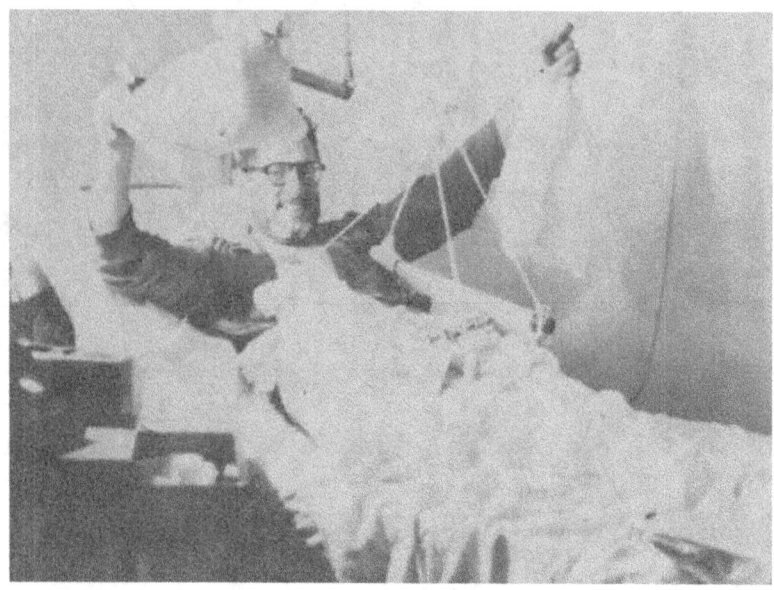

Fractura de pelvis por accidente con el caballo durante la filmación de una película

Pescando con Armand y Albertico Insua

Planes de cine en Cuba

El Sindicato de Técnicos Cinematográficos de Cuba, y el actor Jesús Alvariño ofrecieron un coctel a la prensa, en el curso del cual informaron de sus planes de co-producción cinematográfica con la hermana nación de México, por vía del productor Enrique Zambrano y de los films «Contrabando Blanco» y «Cerebros del Mal». Del ágape, que resultó muy lucido, participaron Miriam Balmorit, el compañero Don Galaor, Gina Romand, –estrella de «Contrabando Blanco»–, Normita Suárez, –estrella de «Cerebros del Mal»–, y el compañero de ambas en dichas cintas, Albertico Insua.

Efectivamente, cuatro ases tiene el reparto de «Gane un Millón», la divertida comedia que están representando en la Sala Idal todos los fines de semana, a las nueve de la noche y domingos en matiné. La foto recoge a los cuatro ases: Normita Suárez, Yolanda Farr, Teté Blanco y Jesús Alvariño.

Con boxeadores famosos

Una de tantas premiaciones en Cuba

Con Jimmy Durante, Echegoyen y Tony Trelles

Con George Raft

Reconocimiento al animador Neftalí López Páez. Rubén Aguirre en sus inicios

Con Don Tommy Muñiz y José Miguel Agrelot artistas estrellas y productores triunfadores de Puerto Rico

Con Mario Moreno Cantinflas gran amistad y admiración, Monterrey

Con Cantinflas en telemaratón benéfico Canal 6 Monterrey, México

Con María Félix a quien Alvariño cariñosamente le llamara el Látigo

Con el Sr. Jaime Fernández, Secretario General de la
Asociación Nacional de Actores (A.N.D.A.) de México

Proyectos realizados con el destacado actor David Reynoso
Monterey, México

Con el comediante venezolano Amador Bendayán y el tenor cubano Rene Cabell, Monterrey, México

Alvariño y Salmoyedo veteranos, Miami

Profesor Zapotillo, Miami

En su programa «Aqui Entre Nosotros», Miami

Proyectos con Velia Martínez y Griselda Nogueras
PLAM MIAMI, 70's

Proyectos con, de izquierda a derecha, José Yedra, Osvaldo Calvo, Aníbal de Mar y Mario Martín - PLAM MIAMI 70's

Premiados con el galardón de Don y Doña Televisión-Miami 1971

Reconocimiento concedido por el alcalde del Condado Dade Steve Clark

«Lo que Dios unió no lo separe el hombre...»

www.ingramcontent.com/pod-product-compliance
Lightning Source LLC
Chambersburg PA
CBHW070057080526
44586CB00013B/1090